As lendas da Deusa Mãe

(e outros mitos de deusas e mulheres dos povos da China)

Pedro Ceinos Arcones

Traduzido por

Luzia Ribeiro

Traduzido por; Luiza Ribeiro.
Do original:
"Leyendas de la Diosa Madre y otros
Mitos de diosas y mujeres de los
Pueblos de China. Miraguano
Ediciones. Madrid, 2007.

Publicado por Tektime

Contato: peceinos@hotmail.com

Índice

Capítulo 1.- A deusa criadora

Capítulo 2.- A deusa civilizadora

Capítulo 3.- Em tempos matriarcais

Capítulo 4.- O fim das Amazonas

Introdução

Qualquer pessoa que conhecer as literaturas das minorias do sul da China descobrirá muitas obras onde a protagonista é uma deusa ou divindade feminina. Seja dedicada à criação do mundo (sozinha ou acompanhada de uma divindade masculina), à da raça humana, ou à instrução de uma humanidade ou de seus ancestrais nas noções básicas da cultura neolítica (caça, agricultura, pecuária), as divindades femininas desempenham um papel central na origem e no desenvolvimento da humanidade.

Nos últimos tempos foram publicados muitos trabalhos que defendem o caráter matriarcal de boa parte das sociedades estabelecidas antigamente no território da Europa e do Oriente[1], caracterizadas pelo culto à deusa em suas diversas manifestações: como criadora do cosmos e da humanidade, como iniciadora nos segredos da existência e como renovadora do mundo alternando entre a vida e a morte, permitindo a continuidade de tudo o que existe. Esse é um assunto que, de nenhuma forma, obteve unanimidade entre a comunidade acadêmica, mas que permanece no centro dos debates com evidentes conotações políticas.

Precisamente por ser um assunto em debate permanente, e pelas consequências que pode ter na vida atual, considerei necessário fornecer alguns fatos relacionados com os povos da China.

Meu interesse pela cultura das minorias na China me levou a conhecer a existência de sociedades como a dos Moso, onde a herança é transmitida através da linhagem feminina e a vida social é organizada em torno das famílias matrilineares; a dos Jino que tiveram líderes mulheres até poucas gerações atrás; a dos Yi, também com várias autoridades femininas; ou a dos Lahu com a sua evidente igualdade de gênero. Essa série de fatos me levou ao questionamento se seria possível estabelecer uma relação cultural, ao menos hipotética,

---

[1] Tais como as obras de Bachoffen e Briffault para a antiguidade clássica; ou as de Gimbutas para o neolítico do centro e leste da Europa. Outros autores apoiam essa tese no Oriente e na Mesopotâmia.

entre as sociedades matriarcais do antigo Ocidente, e as do presente ou do passado recente documentado em fontes históricas do Extremo Oriente, na qual o papel predominante era desempenhado pelas mulheres.

Aprofundando um pouco mais na cultura desses povos indígenas da China, encontrei diversos mitos, lendas, fatos históricos, rituais e costumes que sugerem que, em um passado mais ou menos distante, as mulheres ocupavam uma posição social de destaque. Entre seus mitos, me chamou particularmente a atenção os diversos relatos que destacam o papel criador ou civilizador da mulher, bem como os que descrevem de forma detalhada como a mulher perdeu esse papel dominante nessas sociedades.

Conforme eu ia descobrindo novos mitos que reforçavam o papel da mulher nas sociedades indígenas da China, ia aumentando meu desejo de encontrar outros mitos semelhantes em povos diferentes. O resultado dessa pesquisa um tanto obsessiva foi que acabei reunindo muitas histórias interessantes que, abrangem os povos que vivem em diferentes regiões da China, e transformam a mulher na protagonista da história. Dessa forma, o que era no início somente um esforço para documentar a presença feminina na vida das minorias, que deveria incluir também os rituais, costumes e descrições históricas, foi crescendo tanto, que me pareceu apropriado traduzir e apresentar esses mitos, enquanto sigo pesquisando os traços dessas sociedades matriarcais da China antiga na cultura das minorias da China moderna.

Ao deixar de lado, temporariamente, o trabalho de pesquisa e substituí-lo pelo de tradução entendi que o interesse por essas histórias é multifacetado: primeiro porque apresentam ao leitor uma série de mitos, a maioria nunca traduzidos em nenhuma língua ocidental; segundo porque permitem vislumbrar alguns dos temas mais comuns nas mitologias dos povos da China (a criação do mundo, o dilúvio, o casamento entre irmãos, a aparecimento de diversos sóis, etc.); terceiro porque abrangem regiões geográficas tão distantes que permitem validar, ao menos regionalmente, os temas do leste da Ásia; quarto, por sua homogeneidade no tratamento positivo das divindades femininas que contrapõe outras histórias místicas onde elas desempenham um papel totalmente negativo, e quinto porque em uma sociedade que ainda trata de forma hostil as mulheres, com resultados trágicos em muitas ocasiões, qualquer trabalho que vise reivindicar sua importância, pode se tornar uma chave importante destinada a reverter a situação atual.

Esse trabalho não é extenso, as histórias aqui apresentadas podem ser consideradas apenas uma pequena amostra da vasta mitologia feminina dos povos da China. Há muitos mitos que ficaram de fora: seja por serem muito extensos, ou por serem muito semelhantes a alguns mitos incluídos, pela sua linguagem simbólica complexa de difícil compreensão para o leitor, ou por não estarem traduzidos em chinês, ou não ter sido encontrada nenhuma versão apesar de tê-los visto em citações ou leituras de resumos, ou porque a intervenção das personagens femininas, mesmo que relevantes, ocupa uma parte relativamente pequena da obra, e não queríamos incluir fragmentos e histórias incompletas.

Esperamos, contudo, que essa obra ajude a preencher uma lacuna em nosso conhecimento sobre a China, sobre seus povos indígenas, e a existência no passado de sociedades matriarcais.

Agradecimento: Quero agradecer ao apoio contínuo que recebi da minha mulher durante esse trabalho, Wei Hua, esclarecendo pacientemente minhas incontáveis lacunas culturais e linguísticas, bem como as sugestões feitas por Roger Casas que, sem dúvida, contribuíram para melhorar essa obra.

Mitos das deusas chinesas

Nestas páginas pretendemos apresentar uma estrutura que enquadrará toda a importância dessa obra. Para isso, vamos compartilhar uma série de informações que para alguns leitores pode parecer um pouco distante e exóticas. Nesse sentido, mencionaremos os diferentes povos que habitam a China; apresentaremos brevemente as teorias sobre a existência de deusas arcaicas e sociedades matriarcais no Ocidente; demonstraremos a importância da cultura nas minorias da China para conhecer os aspectos da antiga cultura chinesa; recordaremos o valor dos mitos para conhecer o caráter de uma sociedade; e como corolário, evidenciaremos a capacidade dessas histórias de nos fazer refletir sobre os cultos femininos da China antiga, as sociedades matriarcais daquele país, o debate atual sobre as sociedades matriarcais antigas, e a importância da história para melhorar o desenvolvimento humano da nossa própria sociedade.

1. Os povos da China

Estão incluídos na presente obra quarenta mitos, lendas e contos populares, no qual as deusas ou divindades femininas são as protagonistas. Todos eles são parte do patrimônio cultural dos povos que vivem na China, mesmo que, às vezes, eles se estendam além das suas fronteiras.

A China oficialmente se define como um país unitário e multinacional, composto pela maioria Han, e 55 minorias nacionais. Esse conceito politicamente inventado, mesmo sem precisamente equivaler a realidade humana do país, vem tomando forma apoiado pelo poderoso aparato propagandístico nacional, resultando em tornar cada vez mais reais as categorias étnicas inicialmente imaginárias.

A maioria Han, aproximadamente 93% da população, os próprios chineses, os mandarins como são chamados alguns, não podem ser considerados um grupo étnico ou nacional homogêneo, porém foram constituídos por uma amálgama de povos que ao longo da história foram aceitando características mínimas comuns da cultura chinesa. As diferenças entre os considerados chineses Han são ainda enormes, tanto no aspecto físico (com várias linhagens humanas distinguíveis a olho nu), linguístico (com "dialetos" mutuamente ininteligíveis), cultural (decorrente não só da adaptação à terra, como da cultura ancestral dos povos que habitavam as diferentes regiões que mais tarde passaram a fazer parte da China) e religioso.

O termo "minorias nacionais" é extremamente equivocado, porque de fato só indica o não pertencimento à maioria Han. E nesse emaranhado, onde tudo parece caber, se incluem povos como os Mongóis, Dai, Uygures ou Tibetanos, com culturas seculares tremendamente desenvolvidas, população de milhões de pessoas, e estruturas políticas próprias, incorporadas pelos altos e baixos da história durante os últimos séculos na China, e outros como os Dulong, Loba, Jino ou Hezhe, que contam apenas com uma população de uns milhares de pessoas, vivendo em algumas poucas aldeias geralmente em uma única região.

Sim, a própria utilização do termo "minoria nacional já é, por si mesma, vaga, sendo usada para denominar entidades humanas muito diferentes, e é ainda mais vaga quanto a forma como essas minorias nacionais foram definidas. Novamente encontramos a maior variedade. Enquanto algumas delas são constituídas por populações medianamente homogêneas que vivem em um espaço geográfico definido, outras somente representam um nome genérico que incluem dezenas de povos com línguas e culturas diferentes, e algumas vezes, algumas características em comum. Uma qualidade que esses povos compartilham é o seu desconhecimento no Ocidente, em parte porque durante os mais de 40 anos em que a China esteve literalmente fechada ao exterior, eles dificilmente puderam ser estudados. É por isso que, na maioria das obras que relatam os aspectos gerais da cultura humana, raramente se incluíam dados, por mais pertinentes que fossem relacionados a eles.

Os povos que vivem na China falam idiomas que pertencem principalmente a três famílias linguísticas[2]:

---

[2]Há um povo, os Kirguises, cujo idioma pertence a família indo-europeia, c alguns pequenos povos de Taiwan, que falam idiomas da família malaio-polinésia.

a) Família sino – tibetana.

Pertencem a ela a maior parte dos idiomas falados pelos povos da China. Seus principais grupos são:

1. Sínico. Ao qual pertencem os chineses e seus dialetos.

2. Tibeto - birmanês. É falado por diversos povos que vivem no oeste da China, no Tibet, e nas regiões próximas dos países vizinhos. São geralmente povos da montanha que, acredita-se que habitavam o oeste e noroeste da China, e que foram imigrando para o sul nos últimos 2.000 anos. Entre eles temos os tibetanos, Yi, Lahu, Lisu, Naxi.

3. Miao-Yao. Falado por povos considerados Miao (uma parte deles são chamados de Hmong fora da China) e Yao. Acredita-se que viviam nos tempos históricos na bacia média do rio Yangtze, e emigraram para o sul, para regiões cada vez mais isoladas, fugindo da pressão colonizadora dos chineses.

- Zhuang –Dong. Também chamado Kam-Thai[3]. Falado por vários povos do sul da China e do sudeste da Ásia, populações que vivem nas terras baixas e cultivam o arroz, possivelmente descendentes dos antigos Baiyue que viviam no sul da China, como os tailandeses da Tailândia, os Laosianos, e os Dai e os Zhuang da China, etc.

b) Família altaica.

Pertencem a essa família a maior parte dos idiomas falados no norte da China, Mongólia e sul da Sibéria. Seus principais grupos são:

1. Turco. Falado na China pelos Uygures e povos relacionados a eles, e pelos turcos da Turquia.

2. Mongol. Falado pelos Mongóis e outros povos vizinhos.

3. Man-Tungus. Falado pelos Manchúes e grupos étnicos de origem Tungus, que como eles, vivam originalmente nas florestas no nordeste da China e no sudeste da Sibéria.

c) Família austronésica.

---

[3] Deixamos esse grupo à parte, porque sua filiação é bastante controversa no momento. Tradicionalmente considerado como parte da família sino – tibetana, agora alguns linguistas propõem que o incluam em uma nova família chamada Austro-Tai, que é composta pelo grupo Zhuang – Dong e pelo grupo de idiomas austronésicos. As teorias sobre a filiação real desse grupo linguístico possuem, tanto componentes científicos, quanto políticos.

Pertencem a essa família os idiomas falados na China somente por alguns grupos étnicos que vivem no extremo sul, e nas montanhas próximas a fronteira com o Laos e Birmânia. Todos seus idiomas pertencem ao grupo Mon-Khmer. São falados pelos Wa, Bulang e Deang.

Com essas três famílias de idiomas e seus grupos temos um total de oito grandes entidades linguísticas na China. É importante ressaltar esses oito grupos linguísticos, porque as características culturais compartilhadas pelos povos que falam línguas pertencentes a mesma família linguística são muito vagas; enquanto que entre os povos que falam as línguas pertencentes a cada um desses oito grupos linguísticos, encontramos um bom número de semelhanças culturais, que enquadram-se nas características comuns dos seus idiomas, (como fez Li Jinfang[4] para as línguas Zhuang - Dong), que podem ajudar a reconstruir, em parte, uma cultura antiga comum, da qual todos eles tiraram um bom número de elementos.

Naturalmente, ao estudar a mitologia desses oito grupos linguísticos, descobrimos que os povos que falam línguas que pertencem a cada um desses grupos, compartilham uma série de mitos em comum. Outros mitos, com suas variações lógicas, são comuns a todas as etnias que pertencem à mesma família linguística, e há até mesmo motivos míticos que são compartilhados por todos os povos da China.

Essa correspondência entre os mitos dos povos que vivem em territórios relativamente próximos, e que ao longo da história interagiram por muito tempo, não surpreenderá nenhum leitor interessado pela mitologia porque, desde o século XIX tem sido estudada com certa profundidade a difusão universal de alguns motivos míticos dando origem a uma série de classificações, como a de Aarne-Thompsnon[5], que permite de alguma forma enquadrar cada mito ou conto em um modelo predeterminado. No fim das contas

---

[4] Li Jinfang. - *Dong Tai yuyan yu wenhua (Idioma e cultura Dong Tai)*. Editorial de las Nacionalidades. Beijing. 2002

[5] O finlandês Antti Aarne e o americano Stith Thompson, catalogaram mais de 2.500 motivos míticos nos quais autores posteriores tentaram enquadrar todos os mitos e contos populares de diferentes culturas.

todos são produtos surgidos do intelecto da mesma espécie: o ser humano.

Mas por outro lado, enquanto que um grande número de mitos e motivos míticos são compartilhados por tantos povos, que poderia dizer que são universalmente difundidos, outros são tão particulares que não resta dúvida que definem as características essenciais de povos diferentes[6].

2. As deusas na antiguidade

O estudo da existência e importância das deusas nas antigas sociedades se iniciou, de alguma forma, no século XIX, tanto por estudiosos da antiga cultura europeia, especialmente Bachofen[7], que sugere a existência de uma sociedade matriarcal arcaica na Europa, quanto pela difusão dos primeiros estudos antropológicos sérios sobre povos um tanto distantes da nossa órbita cultural, especialmente Morgan e seu estudo da família entre os iroqueses[8]. Os trabalhos de Morgan tiveram grande influência sobre Marx e Engels[9], e através deles, sobre todo o universo cultural relacionado ao comunismo. De tal forma que, nos países onde triunfou a crença comunista, logo se propagou o dogma de que a evolução das sociedades humanas passava necessariamente por uma série de fases, sendo a primeira delas, a sociedade matriarcal.

Os inconvenientes desse dogma são múltiplos. Por um lado, por ser um ato de fé, elimina qualquer reflexão posterior, com a desvantagem de que poder ser rejeitado quando os altos e baixos políticos assim exigirem. Segundo porque ao colocar no passado remoto, em épocas das quais não sabemos nada, no tempo em que a mulher dominava ou desempenhava um papel igualitário na sociedade, e afirmar que essa fase havia passado tornando-a histórica através das leis, podia-se considerar que acabar com a igualdade de

---

[6] Isso fez com que fossem acrescentados adendos à classificação com vocação totalizante de Aarne e Thompson, à medida que se estuda a literatura de grupos mais humanos.

[7] Bachofen, J.J. *El matriarcado*. Madrid. Akal, 1987

[8] Morgan, Lewis H. *Ancient Society*. London. 1877

[9] Engels, Frederick.- *El origen de la familia, la propiedad privada y el estado.*

gênero era um passo necessário para iniciar o caminho que acabaria conduzindo a uma sociedade ideal[10].

Enquanto esses acontecimentos iam delineando a situação política da mulher nas sociedades modernas, o descobrimento de restos arqueológicos de culturas até pouco tempo desconhecidas ou compreendidas, e a publicação de muitos trabalhos sobre as civilizações antigas e outras culturas contemporâneas ignoradas pelo Ocidente, apresentava para o leitor interessado um amplo leque de provas que, demonstram em alguns casos ou só sugerem em outros, a humanidade, em tempos anteriores ao culto aos deuses, efetivamente passou por uma época de culto às deusas.

O conhecimento das Vênus paleolíticas desenterradas em todo território geográfico europeu, a evolução do papel primordial que tinha Ishtar e as outras deusas dos povos sumérios e babilônicos, as divindades femininas recuperadas em Catal Huyuk (Turquia) e Creta, as antigas deusas da remota Europa descobertas por Gimbutas[11], e até mesmo a visão da bíblia como uma descrição da contínua luta realizada em terras da Palestina para banir os cultos femininos[12], são conceitos que vão ressoando nas mentes mais abertas do Ocidente. Entretanto, os estudos sobre a China não pareciam dar qualquer informação interessante sobre um fato histórico que ainda influência de forma decisiva a nossa vida atual.

3. A importância das culturas das minorias no conhecimento da cultura antiga da China.

Faz alguns anos que os pesquisadores ocidentais descobriram que muitos dos aspectos da cultura tradicional chinesa, que haviam desaparecido entre os próprios chineses, se mantinham

---

[10] Essa contradição aparente não é absoluta porque essa sociedade comunista não só deve incluir a igualdade de gênero, mas também deve ser liderada pelo Partido Comunista, de modo que não haveria nenhum inconveniente em destruir sociedades igualitárias naturais, como tem sido feito no caminho nunca alcançado por essas sociedades igualitárias lideradas pelo Partido Comunista.

[11] Marija Gimbutas expôs seus descobrimentos arqueológicos em uma série de livros, entre os quais se destacam, traduzidos em espanhol: *Diosas y dioses de la vieja Europa 7000-3500 u.C. y El lenguaje de la Diosa.*

[12] Véase Eisler, Riane.- *El cáliz y la espada.* Stone, Merlin.- *When god was a woman.*

presentes entre os povos da periferia do seu império. Isso ocorreu devido a duas circunstâncias: o longo contato mantido entre os chineses e os outros grupos étnicos que viviam nas proximidades, e o zelo com que esses grupos étnicos conservam as suas tradições. Enquanto alguns autores apontam a relação entre essas culturas indígenas e a cultura chinesa,[13] outros postulam a utilidade de estudar essas sociedades para conhecer a cultura chinesa dos tempos antigos.

Nessa mesma linha, Maspero [14] baseia-se no estudo das populações Dai do norte do Vietnã (Tai negros), para propor um modelo de sociedade agrícola da China da dinastia Zhou. Outros autores, tais como Ma Kui[15], seguiram esse exemplo, e comparando os sistemas de posse de terras entre os atuais Dai de Xishuangbanna, com o descrito nos livros clássicos para a dinastia Zhou do Oeste, vê-se semelhanças que são difíceis de atribuir ao acaso.

Entre os estudiosos da religião taoísta, por outro lado, o conhecimento dos rituais e práticas religiosas dos povos Yao, é de valor incalculável porque considera-se que eles mantêm inalterada a religião taoísta tal como se praticava na China há oito séculos. Outro exemplo são os cultos da religião Benzu dos Bai, por meio do qual cada aldeia adora uma série de heróis locais, em torno dos quais foi construída um ritual e uma mitologia elaborada, que na realidade tem diversas semelhanças com os cultos às divindades locais da China, cujo exemplo mais visível foram os chamados Templos dos Deuses da Cidade (*chenghuangmiao*) presentes em todas as cidades chinesas. O sistema de atribuir a diferentes divindades o governo e o controle de diferentes doenças, que é descrito por Doré[16], está praticamente traçado entre os Nu e outros povos do sudeste da China, que ainda hoje pensam que cada divindade regula um tipo de doença e que para curá-la, é necessário realizar uma série de rituais em sua homenagem,

---

[13] Como William Clifton Dodd *The Tai Race, Elder Brother of the Chinese*, White Lotus, Bangkok, 1994

[14] Maspero, Henri.- *La société et la religion des Chinois anciens et celles des Tai modernes.* Paris. 1929.

[15] Ma Kui.- *Xishuangbanna fen di zhi yu xizhou jintian bijiao yanjiu (Investigaciones comparativas sobre el sistema de tenencia de tierras en Xishuangbanna y en la dinastía Zhou del Oeste).* Editorial de las Nacionalidades de Yunnan. Kunming. 1989

[16] Doré, Henri. S.J..- *Manuel des superstitions chinoises.* 1926

rituais dos quais não tenho conhecimento sobre estudos efetivos quanto a sua possível utilidade terapêutica. No entanto, é interessante ponderar o efeito que a ingestão maciça de proteínas pode ter sobre um organismo doente em sociedades onde a carne nunca fez parte da dieta cotidiana (muito menos fresca).

Quanto mais se estudam as minorias e a cultura antiga da China, mais e mais relações aparecem, de tal forma que poderíamos multiplicar os exemplos.

É perfeitamente normal pensar que uma série de características culturais chinesas tenham sido transmitidas aos povos de culturas minoritárias, ainda mais se considerarmos que a cultura chinesa era a cultura do grande e poderoso império, cujos imperadores dominavam esses povos, e que era tecnológica e economicamente mais avançada. Estranho seria pensar que, apesar dos séculos de relacionamento entre os chineses e os povos da periferia do império, este último havia se negado completamente a aceitar qualquer influência externa. Também deve-se considerar que, outro conjunto de características da cultura chinesa que hoje encontramos entre povos distantes, no passado, poderiam ser simplesmente parte da herança comum dos povos que viviam perto. Porque essa cultura majoritária Han formou-se como uma fusão das culturas do norte (que sem dúvida têm semelhanças com os antepassados dos povos manchúes e mongóis), do oeste (relacionado aos povos Qiang e proto tibeto-birmanese) e do sul (em uma margem do Yangtze, outrora lar dos antepassados dos povos Zhuang Dong e Miao Yao).

Essa relação entre a cultura chinesa e a das minorias, nos permite afirmar que, ao apresentar esses mitos e contos ao leitor ocidental, não só lhe damos o conhecimento da literatura e pensamento dos povos situados na periferia dos processos culturais, mas também contribuímos para fomentar o debate sobre a existência de um estado matriarcal nas sociedades primitivas da China, bem como a forma como ele desapareceu; e com isso, oferecemos novos materiais para debater sobre a possibilidade de que as sociedades matriarcais tenham existido de forma generalizada, antes do estabelecimento dos modelos de dominação masculina.

4. A utilidade dos mitos para descobrir os valores predominantes em uma sociedade.

Sob o termo "mitologia" incluimos uma das mais variadas produções do intelecto humano, caracterizada pela forma como define a concepção que uma sociedade tem de si mesma. Como muitos autores têm destacado, os mitos podem ter uma origem muito distinta: desde o endeusamento de personagens históricos, como apontado por Evhemero[17] há muitos séculos atrás, a personificação de fenômenos solares, a expressão de experiências psicológicas, a representação das fases evolutivas das pessoas, a idealização dos processos históricos e muito mais. O mais importante não é a sua origem, mas a sua função socializadora que os transforma em adaptadores das pessoas à sociedade em que vivem.

Cito somente alguns autores que se dedicaram a estudar esse assunto, seguindo Juan Carlos Ochoa Abaurre em sua tese de doutorado[18]: "O mito configurou um modelo de comportamento que regulou a interação social, a forma de conhecimento do mundo e do além"; Creuze afirmava que o mito contém uma "misteriosa" verdade que abriga formas simbólicas de pensamento "natural"; "Von Schelling considerou...o mito como uma realidade que incide (e deve incidir) sempre e de maneira *positiva* no presente"; "Malinowski... interpretou o mito... como: *"histórias que afetam decisivamente toda a sociedade"*.

Ainda que normalmente vejamos a palavra "mito" associada ao estudo das culturas distantes no tempo e no espaço, diversos autores, entre eles Barthes[19], apontaram a importância do mito na formação do suporte ideológico das sociedades modernas. Outros pensadores apontaram a influência do mito na formação de determinadas sociedades e culturas, de tal forma que, podemos afirmar que, qualquer que seja a sua origem e seu verdadeiro significado os mitos marcam e modelam as ideias e comportamentos da sociedade.

---

[17] Autor grego que sustentava que os deuses não eram mais do que heróis endeusados.

[18] *Mito y chamanismo: el mito de la tierra sin mal en los Tupí Cocama de la Amazonía peruana.* Barcelona. 2002. p. 12 y ss.

[19] Barthes, Ronald.- *Mythologies.*

É difícil pensar que em uma sociedade onde, em cada uma das cerimônias mais profundas, se escute sobre a bondade de alguns deuses masculinos e a maldade de algumas divindades femininas, as mulheres possam alcançar um papel igualitário. Igualmente, é difícil imaginar que em outra, onde o louvor às deusas e às mulheres ancestrais estavam na ordem do dia, as mulheres tenham sofrido uma grande discriminação. A esse respeito disse Engels: "O papel da mulher nos mitos demonstra que nos tempos antigos a mulher gozava de maior liberdade e recebia mais respeito."

De fato, o estudo dos mitos e culturas das minorias na China não deixa dúvidas sobre essas afirmações. Os trabalhos de Du Shanshan[20], por exemplo, nos mostram que entre os Lahu, com sua manifesta igualdade, a criação é um trabalho de duas divindades, uma masculina e outra feminina. No entanto, também vemos no trabalho dessa outra autora que, de acordo com a própria sociedade Lahu, as mulheres estão perdendo a sua importância devido a influência da cultura chinesa, suas divindades criadoras estão se transformando em um só deus masculino, com o nome ainda composto, que prepara psicologicamente para futuras transformações.

Entre os Moso, onde a mulher ainda conserva um papel importante na vida social, descobrimos que sua divindade principal é uma deusa, Gemu. Outro conjunto de deusas governam as montanhas e as águas, monopolizando, como é natural, seu fervor religioso.

Ao apresentar aqui uma seleção de mitos nos quais a divindade feminina atua como protagonista, não podemos assegurar que todos esses povos adoraram uma grande deusa na antiguidade; e nem sequer, nos casos em que esse culto à deusa foi demonstrado, pode-se assumir que se tratava de sociedades matriarcais. No entanto, o conhecimento deles, dos rituais que estavam associados, e das culturas em que estão enquadrados, obviamente fornece diversos materiais para um debate posterior.

5. O valor dessa obra

---

[20] Du Shanshan. *Chopstick only work in pairs*. Columbia University Press. New York. 2002

Nesse livro incluímos mitos de povos que pertencem a cada um dos oito grupos etno-linguísticos mencionados antes, portanto, se não podemos demonstrar a universalidade do papel assumido pela deusa entre os povos da China, ao menos podemos demonstrar que em todos eles existiram deusas que, em determinado momento da sua história, desempenharam um papel relevante em seu universo mental. É possível perceber isso de imediato ao ler essa relação dos mitos apresentados nessa obra, classificados de acordo com os grupos etno-linguísticos e povos aos quais pertencem.

Grupo linguístico	Povo	Mito
Sínico	chinês	Nuwa cria a espécie humana.
	chinês	O fim da era dourada das mulheres.
	chinês	A princesa Pargo Vermelha
Zhuang-Dong	Zhuang	Miluojia. A deusa criadora dos Zhuang.
	Shui	A deusa Yaxian cria a humanidade.
	Dong	
	Dai	A deusa Shatianba cria o mundo
	Dai	A Mulher Pássaro.
	Dai	A Mulher Elefante.
	Dai	A Mulher Dragão.
		A Deusa do Arroz.
Sino tibetano	Jino	Amoyaobai.
	Jino	A origem das oferendas aos ancestrais.
	Hani	
	Hani	A mãe Taporang.
	Nu	Ema, deusa dos Hani.
	Jingpo	A Deusa da Caça dos Nu.
	Yi	A deusa do sol.
	Yi	Canção dos antepassados do mundo.
	Yi	
	Yi	A origem da medicina
	Pumi	Cuoriapu conquista o Reino das

	Pumi	Mulheres.
	Lisu	Shilaete tem um pai.
	Baima	A origem dos povos.
		A deusa Tana dos Pumi.
		Como os homens ficaram inteligentes.
		A filha do Deus do Lago.
Miao-Yao.	Bunu	Miluotou. A deusa dos Bunu Yao.
	Yao	Criação do céu e da terra.
	Miao	
Turco.	Uygur	A Deusa do Céu cria o mundo.
Mongol	Oiratos	Maider cria o céu e a terra.
	Mongol	A bondade da deusa.
Man-Tungús.	Elunchun	A Menina do Sol, origem dos Elunchunes.
	Ewenki	A lenda da criação do mundo.
	Manchú	A guerra do paraíso.
	Manchú	Baiyungege.
	Manchú	Fugulun, mãe dos Manchúes
Austronésico.	Deang	A origem dos ramos dos Deang.
	Deang	Histórias dos cinturões Deang.
	Wa	Oração à Deusa do Arroz.
	Wa	Os animais de estimação foram trazidos pelas mulheres.
	Wa	Como a mulher cede o poder ao homem entre os Wa.
	Bulang	A Deusa do Céu.

Para a conveniência do leitor, dividimos os mitos desse livro em quatro seções:

- **A deusa criadora**, com os mitos em que a criação é protagonizada por uma deusa. Tanto a criação do mundo, como a da humanidade. Deixamos de fora, e são muitos, aqueles em que uma divindade masculina e outra feminina criam o mundo simultaneamente, geralmente com a deusa realizando um papel principal. Em muitos desses mitos, de fato, a origem das montanhas é atribuída ao fato de que, tendo sido encarregada a criação do céu pela divindade masculina e a terra pela feminina, a escassa diligência com que deus realiza seu trabalho faz com que a terra seja maior que o céu, que não pode cobri-la por completo, obrigando a deusa a franzi-la para diminuir a sua superfície e ser devidamente coberta pelo céu.

- **A deusa civilizadora.** Inclui mitos em que vemos como as divindades ou personagens femininos ensinam a humanidade a viver nesse mundo.

- **Em tempos matriarcais.** Aqui incluímos contos que nos falam do tempo em que as mulheres comandavam a sociedade.

- O fim das Amazonas é onde reunimos as histórias que nos contam como as mulheres perderam o poder na sociedade, que passou a ser dominada pelo homem.

6. Relevância desse trabalho no contexto atual

Vivemos em uma sociedade que exige dos seus integrantes fé de que o modelo que ela propõe é o melhor que se pode ter e o melhor que já se teve ao longo da história. Curiosamente, esse modelo não foi aceito de comum acordo pelos membros da sociedade, mas foi imposto de cima para baixo por suas elites intelectuais, e está sendo moldado a cada dia para se adaptar às necessidades financeiras das corporações que são movidas exclusivamente pelo lucro.

Uma sociedade estruturada em torno do lucro e da busca pelo benefício econômico imediato, acaba afastando as pessoas dos seus atributos, tornando-as unicamente consumidores. O homo consumidor já não é um homo religioso (no sentido amplo, preocupado com os mistérios da vida após a morte), nem um homo social (cuja realidade cotidiana baseia-se na relação com outros seres humanos). Diante da solidão da existência, uma pessoa já não pode mais recorrer a um deus ou ao seu irmão, mas a algum dispositivo concebido por uma corporação.

O homo consumidor, considerando o mundo como um objeto de consumo, chega à aberração de considerar a natureza e os próprios seres humanos da mesma forma.

A violência contínua contra as mulheres que não se expressa apenas no seu lado mais sangrento diariamente, é sem dúvida o resultado dessa sociedade. Essas graves consequências, que bastariam para questionar os fundamentos sobre os quais baseia-se a sociedade, são, de fato, considerados apenas desvios quase previsíveis e esperados. Talvez recuperar essa figura arquétipa da mãe, da deusa mãe, essa deusa criadora tão ligada a natureza, sirva para frear a violência extrema que essa sociedade aplica nas suas relações com a mãe, em seu aspecto de mulher e de natureza.

- Breve resumo sobre os povos mencionados nessa antologia.

Novamente agrupamos os povos da China em oito grandes grupos etno-linguísticos.

1. De idiomas sínicos.

Chineses ou Han
São em torno de 1.200 milhões de pessoas que vivem por toda a China, especialmente no centro e no leste do país. Nas regiões periféricas, especialmente no oeste da China atual, vivem misturados com outros povos, alguns dos quais são mencionados a seguir. É possível que tenham sido sociedades matriarcais antigamente. Há fatos que sugerem um papel mais elevado da mulher em tempos passados, como o caráter de "sobrenome" que se traduziria literalmente como "nascida mulher". Ao longo da história chinesa o papel da mulher foi-se degradando, como acontece com os povos que estão sob sua influência cultural. Sobre eles traduzimos *A criação da humanidade por Nuwa* e algumas histórias locais que documentam o fim da dominação feminina.

2. De idiomas tibeto birmaneses
Neles é contínua a presença da mulher com papel relevante; o fim do poder feminino poderia ser traçado estudando a história de seus povos. Os reinos das mulheres que mencionam os escritos chineses clássicos, possivelmente foram de idioma tibeto birmanês.

Yi
Mais de sete milhões de pessoas que vivem no sul das montanhas de Sichuan e em toda a província de Yunnan. Diversos testemunhos históricos falam da existência de chefes mulheres entre eles. Têm uma escritura própria na qual se conserva uma rica literatura de caráter sagrado utilizada por seus xamãs ou *pimos* em diferentes cerimônias de culto à natureza. Em vários dos seus mitos de origem, a criação do mundo e da humanidade é obra de uma divindade

feminina, como em *Ahexinimo* ou na *Mãe Ancestral Xini*, dos Yi de Yunnan. Sobre eles traduzimos alguns fragmentos que emprestam as contribuições femininas à civilização e duas histórias interessantes sobre o fim do poder feminino: *Cuoriapu conquista o Reino das Mulheres* y *Shilaete tem um pai*.

Nu
São em torno de 12.000 pessoas que vivem isoladas nas margens remotas do rio Salween (Nujiang na China). *A Deusa da Caça*, cuja história apresentamos aqui, é uma das suas divindades mais importantes.

Pumi
São em torno de 35.000 pessoas. Vivem espalhados nas montanhas no noroeste de Yunnan e no sudeste de Sichuan. Adoram à deusa *Bajingjimu*, em torno da qual eles construiram sua religião *Dingba*. Eles também acreditam no lamaísmo tibetano. Sobre eles traduzimos *A origem dos povos,* e *A lenda da deusa Tana.*

Hani
São alguns dos milhões de pessoas que vivem na província de Yunnan e em outros países do Sudeste Asiático. As genealogias dos Hani foram contadas por linhagem feminina até cerca de 30 gerações atrás. Seu festival mais importante, *Amadu*, agora proibido às mulheres, era dedicado antigamente à uma divindade feminina. Além do mais, conta com várias histórias em que a criação da humanidade é realizada por uma divindade feminina, como em *A mãe Taporang* ou em *A deusa Ema*, que apresentamos aqui.

Jino
São somente 20.000 pessoas que vivem em uma dezena de aldeias no extremo sudeste da China, na Prefeitura de Xishuangbanna. Há inúmeras provas da existência de uma sociedade matriarcal entre os Jino até poucas gerações atrás, como seu nome, que significa "descendentes do tio" e se refere ao papel do tio materno na sua sociedade, uma característica que ainda aponta a importância da mulher em sua família; ou o nome das suas aldeias que deriva

geralmente de uma figura feminina ancestral. Diversas histórias narram o fim do poder feminino entre eles. Dos Jino traduzimos seu mito da criação (*Amoyaobai*) e o que explica o culto a uma de suas divindades, *A origem das oferendas aos ancestrais.*

Jingpo

São em torno de 130.000 pessoas que vivem perto da fronteira birmanesa (na Birmânia são conhecidos como Kachin). Uma das suas cerimônias mais importantes é celebrada a cada três anos em homenagem a *Deusa da Terra*. O mito que traduzimos, *A Deusa do Sol,* mostra uma divindade feminina preocupada com a igualdade entre as pessoas.

Lisu

Um milhão de pessoas que vivem no sudeste da China (província de Yunnan) e em outros países do sudeste asiático. Cada um dos clãs em torno dos quais a sociedade Lisu está organizada traça sua origem através de um antepassado ancestral. Alguns dos mitos e rituais apresentam características de um tempo em que as mulheres eram mais importantes do que os homens. As divindades dos rios ainda são femininas entre esses clãs. O breve conto que traduzimos, *Como os homens ficaram inteligentes,* nos mostra o momento em que as mulheres perdem seu papel dominante.

Baima

Também conhecidos como Baima zangzu, (Tibetanos Baima), ou Tibetanos de Pingwu (distrito onde vivem), é um dos grupos étnicos ainda não reconhecido oficialmente na China. São em torno de 10.000 pessoas com uma cultura antiga que faz relação com os povos Di que viviam na zona rural, há séculos atrás. Alguns autores asseguram que o Reino das Mulheres que mencionam nas crônicas da dinastía Tang foram constituídos por Baima.

3. De idiomas Zhuang –Dong

Os povos da família Zhuang-Dong ainda guardam um papel importante para as divindades femininas. Contudo, há grandes diferenças entre os que vivem nas regiões meridionais, cuja cultura foi profundamente influenciada pelo budismo *theravada*, e os que vivem nas regiões setentrionais (sempre dentro de zonas tropicais ou subtropicais) que conservam melhor seu mundo espiritual, tendo recebido mais influências da cultura chinesa. São todos povos das terras baixas, dedicados ao cultivo do arroz, que vivem perto da água.

Dong

São quase três milhões de pessoas que vivem em uma faixa que se estende pelo sul da China, ocupando parte das províncias de Hunan, Guizhou e Guangxi. Criou-se um grande debate em torno da sua criação sobre a origem e o desenvolvimento do culto à Shatianba. A verdade é que, seja ela originária da remota antiguidade ou se sua aparição é mais recente, ela impregna todos os aspectos da vida espiritual dos Dong, como testemunham seus templos das aldeias e sua festa principal celebrada em sua homenagem. Sobre eles traduzimos o mito *A criação pela deusa Shatianba*.

Dai

São em torno de 1.200.000 pessoas na China, com várias ramificações bem diferentes. Os povos relacionados com eles formam a população majoritária no Laos e na Tailândia.

O budismo chegou às terras dos Dai há quase mil anos. Desde então, mudou-se todos os aspectos da sua vida e cultura. No entanto, ainda são encontrados vestígios da cultura anterior, como a presença entre eles de mulheres civilizadoras, dos quais traduzimos vários contos e especialmente a história da *Deusa do Arroz*, que ilustra a adaptação sincrética realizada pelas religiões tradicionais e o budismo. Sua festa mais importante é o Ano Novo Dai, que relembra as façanhas de um personagem feminino.

Shui

Os Shui são 400.000 pessoas que vivem na província de Guizhou no sul da China. Entre os Shui descobrimos que a sua história da criação é protagonizada pela deusa *Yaxian*, cuja história traduzimos nessa obra. Além dessa deusa, há diversas divindades femininas que se encarregam, especialmente, de proteger a saúde das mães e seus filhos, e as que são convocadas em caso de doença.

Zhuang

São mais de 17 milhões de pessoas que vivem principalmente na Região Autônoma Guangxi dos Zhuang. No seu cotidiano há vários vestígios de um culto no passado às deusas e de uma simbologia genital feminina, como vemos nas suas cerimônias em homenagem às cavernas. Seu poema de criação é *Buluotuo,* que mostra um deus masculino. Nos últimos anos, as pesquisas trouxeram à tona uma série de escrituras sagradas chamadas *Mo,* tanto entre os Zhuang quanto entre os Buyi, que a partir da história da criação de *Miliujia,* que traduzimos aqui, apresentam um rico mundo espiritual de culto à deusa.

Entre os Buyi, intimamente relacionados a eles, existe uma complexa mitologia em torno da deusa, em cuja honra se celebram algumas das cerimônias mais importantes.

4. De idiomas Miao Yao

Miao

Cerca de 7 milhões de pessoas que vivem no sul da China e nos países do sudeste asiático. Os chamados Miao na China incluem ao menos 4 povos bem diferentes, que são, segundo Lemoine[21]: Hmong, A Hmao, Mhu ou Hmu e Qho Xiong. A maioria dos estudos realizados depois da fundação da República Popular da China misturam esses diferentes grupos em uma única entidade Miao, o que não facilita no que diz respeito ao conhecimento da cultura de cada um deles. A maioria do povo Miao, especialmente os Hmong, desenvolveu padrões culturais que dão mais importância aos homens, uma vez o culto aos ancestrais é mantido pela linhagem masculina, e esse culto é básico para o renascimento dos antepassados e, portanto, para a correta ordem espiritual da família e da sociedade. Ainda assim, identificam-se em seus mitos e lendas tradicionais diversos vestígios de um tempo em que o papel da mulher era o mais importante.

---

[21] Jacques Lemoine.- *What is the actual number of the (H)mong in the World?,* Hmong Studies Journal, 2005, 6: 1-8.

Entre os Miao de Wenshan (na província de Yunnan), as divindades femininas desempenham um papel preponderante na criação. Entre os Chuang Miao identifica-se a figura do principal ancestral como a primeira mãe.

A mãe borboleta, como criadora da humanidade, desempenha um papel importante entre alguns grupos de Miao.

Yao

Os Yao são um grupo de povos que vivem nas regiões montanhosas do sul da China e dos países do Sudeste Asiático. Cerca de 2 milhões de pessoas linguisticamente relacionadas com os Miao (Hmong), também compartilham com eles uma origem misteriosa que nem a linguística nem a mitologia conseguiram desvendar até o momento. Acredita-se que são provenientes das margens do rio Yangtze, mas como dissemos, sua origem segue sujeita a intensa especulação.

Supõe-se que a maioria dos grupos Yao têm uma origem em comum, embora não se descarte que, alguns povos incluídos entre eles não estejam tão relacionados assim como se pensa. De fato, os Yao geralmente cultuam seu ancestral divino Pangu, um cachorro que comete uma série de atos heroicos para salvar o reino, pelo qual é recompensando com a mão da filha do rei, com quem da origem aos Yao. Somente os Bunu não têm em sua mitologia a história de *Pangu*. A criação do mundo, entre eles, é a obra de um personagem feminino: *Miluotou*. Os Bunu são cerca de 400.000 pessoas que vivem na província de Guangxi.

5. Povos turcos.

Os Uygures, o mais numeroso dos povos turcos da China, vivem há 15 séculos na Rota da Seda, o que os permitiu receber profundas influências religiosas e culturais dos povos da Ásia Central. Zoroastrismo, budismo, maniqueísmo e finalmente islamismo, são algumas das religiões que surgiram nas terras atualmente habitadas pelos Uygures. *A Deusa do Céu cria o mundo,* é o mito que traduzimos, que sugere que no passado a mulher pode ter desempenhado um papel mais elevado na sociedade.

6. Povos mongóis

Há certos relatos históricos que sugerem o culto às deusas entre os mongóis. A importância que tem entre eles as *udugan* ou xamãs femininas (literalmente criadoras), faz pensar o mesmo. O mito de *Maider cria o céu e a terra* dos mongóis Oiratos é uma prova desses cultos antigos. *A bondade da deusa* também serve para ter uma ideia do importante papel que desempenhavam as deusas nas suas lendas antigas.

7. Povos Man Tungus

São povos que vivem nas florestas no sul da Sibéria e no norte da China. Eles possuem grandes semelhanças culturais, mesmo depois das transformações políticas que levaram os Manchúes a conquistar o trono chinês estabelecendo a última dinastia Qing, algumas características culturais variam muito. Em seus mitos mais antigos as deusas e divindades vindas do céu exercem o papel de protagonista na criação do gênero humano e no desenvolvimento da humanidade.

Manchúes

Oficialmente são dez milhões de pessoas que vivem no norte e nordeste da China, mas há somente alguns milhares que conservam os traços da cultura tradicional, os demais se adaptaram à cultura chinesa. No entanto, muitos de seus mitos e crenças antigas estão refletidos em documentos chineses. Os mitos que traduzimos, *Baiyungege, A guerra do paraíso e Fugulun*, nos mostra um olimpo que era tradicionalmente habitado por 300 deusas, e um dualismo entre as forças do bem, representadas pelas deusas, e as forças do mal, representadas por um diabo masculino.

Ewenki

Com apenas 30.000 pessoas são o último povo caçador da China. *A lenda da criação do mundo,* que apresenta uma série de motivos em comum com outros povos vizinhos, concede a uma deusa o protagonismo.

Elunchun

Com uma população de somente 8.000 pessoas, são um dos povos menos numerosos da China. *A Menina do Sol, origem dos Elunchun* é mais uma das muitas lendas que nos contam sobre a origem da humanidade a partir de um personagem ancestral feminino.

8. Povos Austronésicos.

Longe da cultura chinesa nas fronteiras distantes com a Birmânia, os povos que falam idiomas austronésicos receberam pouca influência chinesa, e tarde, geralmente na segunda metade do século XX. Oficialmente só existem três minorias nacionais de idioma austronésico: os Wa, Deang e Bulang. Mas cada uma dessas minorias tem tantas ramificações diferentes que podemos falar de alguns grupos étnicos. Todos eles compartilham importantes semelhanças culturais.

Deang

Vinte mil habitantes que vivem no sudeste de Yunnan. Sobre eles incluímos uma história que conta como surgiram as três ramificações dos Deang a partir de uma antepassada em comum, e umas lendas sobre o fim do poder das mulheres.

Wa

Vivem na China e na Birmânia. São 400.000 pessoas na China. Há tempos são famosos por sua intensa atividade religiosa por caçar cabeças humanas e oferecê-la aos seus deuses. Em razão da sua ferocidade foram os povos menos influenciados pelos chineses até pouco tempo. Nas suas mitologias (*Singangli ou saindo da caverna*), a deusa desempenha um papel importante. Traduzimos alguns relatos breves que mostram a importância da mulher em sua sociedade, seja já na introdução à pecuária (*Os animais de estimação foram trazidos pelas mulheres*), ou por seu valor ritualístico (*Como a mulher cede o poder ao homem*).

Bulang

São quase 100.000 pessoas cujo território se estende pelas montanhas na fronteira birmanesa. Alguns abraçaram o budismo *theravada*, outros mantêm ainda as suas religiões tradicionais onde as deusas desempenham um papel relevante. Na sua cultura há diversos traços que lembram um tempo em que a situação social das mulheres era mais elevada, como no fato de que os filhos recebem o nome exclusivamente da mãe, ou no respeito tradicional prestado pela sociedade Bulang às suas antepassadas. Sobre eles traduzimos *A Deusa do Céu dos Bulang*.

Capítulo 1.

A deusa criadora

Miliujia. A deusa criadora dos Zhuang.

Há muito, muito tempo atrás, não havia absolutamente nada no universo. Era só um imenso vazio sem forma dividido em três níveis: superior, médio e inferior. De repente apareceu uma flor no nível médio, a terra. Não se sabia dizer qual era a sua cor, mas ela se abriu e do seu interior surgiu uma mulher.[22] Portanto, essa mulher é a mãe da humanidade. Seu corpo era todo coberto por pelos[23], que lhe caia por todos os lados. Quando as pessoas das gerações anteriores lembram dela por sua inteligência, a chamam de Miliujia,[24] quando é lembrada por ter saberdoria suficiente para transformá-la em professora da humanidade, é chamada de Milouxi.[25]

Naquela época o mundo separou-se em dois níveis. O verme do milho voou para cima, ficando embaixo o escaravelho. Um criou o céu e o outro a terra. O escaravelho era muito ativo e fez uma terra muito ampla; o verme era mais devagar e fez um céu mais estreito. Como não criaram bem o céu e a terra, Miliujia teve que puxar a terra para cima, fazendo com que sua superfície inchasse como um tambor, fazendo com que o céu e a terra ficassem bem conectados. No lugar onde a terra havia se levantado formaram-se as montanhas e colinas; enquanto, que no lugar onde havia se afundado formaram-se os vales e as gargantas, e assim os rios e lagos.

Ao ver que a terra estava monótona, Miliujia pensou em criar a humanidade. Ela esticou suas duas pernas e as colocou sobre o alto de duas montanhas. De repente sentiu uma rajada de vento e teve a sensação de que queria urinar, assim ela fez e sua urina molhou a terra. Com as suas mãos amassou a terra molhada e seguindo sua própria forma ela modelou muitas pessoas, e quanto terminou tapou

---

[22] Para os Zhuang e outros povos relacionados culturalmente com eles, os filhos são flores que a deusa das Flores entrega aos pais para que cuidem delas.

[23] Símbolo de poder. De fato, é o primeiro atributo da deusa mãe.

[24] No idioma Zhuang "mi" significa "mãe". "Liujia" é o nome de um pássaro muito inteligente. A tradução seria então: "A boa mãe e inteligente."

[25] Em Zhuang "A sábia mãe professora."

tudo com algumas ervas. Passados quarenta e nove[26] dias, ela retirou as ervas para olhar. As figuras de barro tinham ganhado vida: Pessoas muito ativas que iam de um lado para outro correndo e pulando. Miliujia, ao comprovar que por mais que falasse com elas, não podia tranquilizá-las, foi floresta adentro e buscou carambolas[27] e pimentas, espalhando-as sobre elas. As pessoas dispersaram-se com pressa de modo que, as que foram atingidas pelas pimentas transformaram-se em homens, e as que foram atingidas pelas carambolas transformaram-se em mulheres. Desde então há homens e mulheres no mundo.

Para animar mais ainda o mundo, Miliujia pegou o barro novamente e lhe modelou e lhe deu diferentes formas, espalhando-o por todos os lugares. Dessa maneira, surgiu no céu os pássaros que voam e sobre a terra os animais que correm.

Quando chegaram as chuvas, nem pássaros, nem os outros animais, nem as pessoas tinham onde abrigar-se. Miliujia abriu suas pernas e sentou-se, tornando-se uma caverna[28]. Desde então, as pessoas, os pássaros e os outros animais todos vão às cavernas para protegerem-se do vento e abrigarem-se da chuva.

---

[26] Sete vezes sete. Já mencionamos que sete é um número feminino. É a unidade básica do tempo lunar, dos dias da semana. A relação do número sete com o feminino não é exclusiva da China. No Egito, "o mundo subterrâneo de Osiris consiste em sete salas com sete portas enquanto, que nos textos de Ishtar, o número multiplicado conserva a relação com o sete lunar." Neuman, Erich.- *The great mother*. Em muitas outras culturas há exemplos semelhantes.

[27] DRAE: Árvore da família das Oxalidáceas, indígenas da Índia e de outros países intertropicais do antigo continente, mede uns três metros de altura com folhas compostas de folíolos ovais, flores vermelhas e frutos amarelos e comestíveis.

[28] O culto às cavernas é difundido entre os povos Zhuang. Sua relação com os antigos cultos matriarcais é mencionada nessas linhas.

Miluotuo. A deusa dos Bunu Yao

Há muito, muito tempo atrás, surgiu uma bela deusa. Seu nome era Miluotou. Durante milhares de anos ela treinou com seu mestre[29] o asceticismo e os milagres. Quando completou a sua formação, desejando iniciar a criação do mundo, ela absorveu no seu peito a essência e a vitalidade do universo.

Para criar o céu, Miluotuo usou o grande chapéu de chuva do seu mestre, espalhando-o nas quatro direções, colocando o sol, a lua e as estrelas sobre ele. Ela usou os braços e as pernas grandes e fortes do mestre, para criar quatro pilares que elevaram os quatro cantos do céu, usando seu corpo alto e resistente para criar um grande pilar que segurava o centro do céu, evitando que ele caísse.

Tendo criado o céu e a terra, Miluotuo usou o sangue e o suor do seu mestre para criar os rios e riachos, usou seu cabelos para criar flores, ervas e árvores que competiam em beleza, e a as suas cinzas para criar porcos, cães, ovelhas e galinhas, pássaros, outros animais e peixes[30].

Quem era o mestre da Miluotuo? Ninguém sabe. Talvez tenha sido a heroína misteriosa e sem nome da criação do mundo. Miluotuo estava tão ocupada com a criação que encarregou Hao'en para fazer as montanhas, porém ela acendeu um fogo enquanto descansava, e isso provocou um grande incêndio que queimou toda a vegetação deixando a superfície da terra descoberta. Ao tomar conhecimento da notícia, a deusa sentiu-se muito triste, lágrimas de dor escorreram por seus olhos. Então, ela estendeu um pano preto e outro branco sobre a terra, porém não conseguiu recuperar a sua beleza original. Depois, pediu a Yayou que fosse comprar sementes em um lugar muito, muito distante. Quando Yayou regressou trazendo as sementes, Miluotuo correu para o alto da montanha para semeá-las; mas, estranhamente, surgiu um vento forte que espalhou essas sementes sobre os cumes e encostas das montanhas.

---

[29] Para alguns, a própria Miluotuo.
[30] Todos somos parte de Deus. Todos nós compartilhamos algo divino.

Três dias depois Yayou foi dar uma olhada. As sementes tinham brotado transformando-se em pequenas árvores. Miluotuo sentiu-se muito contente. Em cinco dias as árvores tinham florescido e produzido alguns frutos grandes e perfumados. A deusa sentia-se encantada. Em sete dias as árvores tinham transformando-se em madeira, na qual Miluotuo decidiu usar para construir novas casas. Então ela levou pessoas para cortar as árvores. Cortaram as árvores grandes e as pequenas para construir a partir delas, vigas grandes e pequenas. Porém, elas não sabiam como construir mesas com as árvores, e mesmo pensando e pensando, não encontraram um jeito.

Um dia Yayou foi até a floresta e encontrou um gafanhoto sobre a folha de uma eulália[31]. Quando ela estendeu a mão para pegá-lo, cortou-se. A folha da eulália arranhou a sua ferida, fazendo com que ardesse de dor. Ela pegou o inseto e a folha e, cuidadosamente, os examinou: o gafanhoto tinha patas com espinhos grandes e afiados, a folha arranhou sua mão porque tinha a borda serrilhada. Yayou voltou cantando de alegria e contou sobre sua descoberta a Miluotuo. Inspirando-se nas patas do gafanhoto e nas folhas da eulália, Miluotuo fabricou uma serra. Serrando a madeira elas construíram casas para as quais se mudaram, vivendo muito felizes.

Miluotuo começou a criação dos seres humanos. Ela quis criar a humanidade usando argila, mas apesar de ter tentando de mil maneiras diferentes, não conseguiu, só conseguiu fabricar uma jarra para água. Depois ela tentou criá-la usando o arroz, e embora suas mãos tenham ficado inchadas devido seus esforços, não conseguiu criá-la, obtendo somente um vinho doce. Novamente ela tentou criar usando as folhas de eulália, seus olhos avermelharam-se devido ao trabalho, mas não conseguiu criar nada além de diversos insetos. Então, ela quis criá-la usando abóboras e mandioca, e embora tenha se esgotado, somente conseguiu criar o macaco.

Então, ela pensou que se queria criar a humanidade, devia encontrar um lugar apropriado. Mas quem ela enviaria para encontrar esse lugar? Enviou primeiro um porco surdo que parou na ladeira de uma montanha procurando minhocas na terra para comer. A raiva da deusa foi tanta que lhe golpeou com um bastão. Sobre a orelha do

---

[31] Miscanthus sinensis. Arbusto de folha serrada útil para essa tarefa.

porco ainda se vê as marcas da sua preguiça e gula. Depois enviou um javali que também parou na metade do caminho para procurar mandioca e batatas na terra. Miluotuo sentiu tanta raiva que lhe atirou água fervendo, e não permitiu que voltasse a casa. Na terceira vez enviou um urso preto que voltou depois inchado de tanto comer formigas. A deusa ficou tão zangada que lhe atirou água tingida, deixando o urso todo preto. Ela ainda enviou um veado que, esquecendo-se da sua tarefa, ficou inchado de tanto comer grama até a hora de voltar para casa. Miluotuo estava tão zangada que lhe golpeou com uma estaca em chamas, deixando uma marca na sua barriga.[32]

Ao ver que nenhum dos animais que correm podiam servir, ela recorreu às aves do céu. Primeiro enviou um pica-pau que só se preocupou em procurar insetos nas árvores. Irritada, ela atirou uma de suas ferramentas e o pássaro voou assustado, porém ainda carrega nas suas costas a marca da ferramenta. Depois, ela enviou um faisão de cauda longa que se entreteve comendo as abóboras mais saborosas. Miluotuo atirou-lhe uma flecha. O faisão escapou voando com a flecha presa no seu rabo que, por essa razão é extraordinariamente largo hoje em dia. Em terceiro lugar ela enviou um corvo que só se preocupou em procurar comida em uma montanha queimada. Miluotuo atirou-lhe contra o bico uma pedra. O corvo voou escapando e reclamando por causa da pedrada, por isso que seu canto ainda é tão rude. Por último ela enviou uma águia que partiu depois de tomar seu café da manhã, levando consigo provisões para o almoço. A águia voava no céu inspecionando cuidadosamente o terreno. Quando encontrou um lugar adequado ela voltou imediatamente para informá-lo, com medo de se atrasar.

Miluotuo seguiu a águia até esse lugar e ao ver diante dos seus olhos uma vasta imensidão, sentiu-se tranquila. Seu clima era suave como a primavera, suas mil flores liberavam uma fragrância embriagadora, seu solo era lindo e fértil, suas montanhas e rios cativavam o espírito. Miluotuo viu algumas abelhas que construíam sua colmeia no vão de uma árvore, voando agitadas de um lado para

---

[32] Como você pode ver, ela narra a origem das características distintas desses animais.

outro transportando o pólen em sua adorável tarefa. A deusa cortou a árvore e levou com ela o favo de mel convencida de ter escolhido o material correto para criar a humanidade.

Durante o dia ela o refinou três vezes e mais três vezes durante a noite. Depois de bem refinado, ela colocou-o dentro de uma caixa. Em um piscar de olhos passaram-se nove meses. Quando Miluotuo escutou o som de choro e balbucio, ela abriu a caixa para olhar. "Eu consegui, eu consegui." Os recém-nascidos eram realmente adoráveis, mas não paravam de chorar e de se agitar e Miluotuo não sabia o que fazer, até que pensou em lavá-los um por um, envolvendo-os com um pano depois e alimentando-os com seu próprio leite. Assim eles foram crescendo, dia após dia, e se espalharam pelas montanhas construindo suas casas. Desde então, a fumaça é vista de cada aldeia. Mulheres e homens costuram suas roupas e cultivam seus campos. A grande tarefa da deusa finalmente estava concluída. O belo mundo da humanidade já não era mais um sonho.

Os dez sóis

Ninguém sabe há quantos milhares de anos apareceram dez sóis acima do céu, queimando uma terra que fumegava por todos os lugares. O gramado, as árvores e os cultivos foram consumidos pelo fogo, a água dos rios e dos lagos parecia a ponto de ferver. Os pássaros não sabiam para onde voar, nem os outros animais para onde correr. Seus corpos transformaram-se em carne seca. A pele das pessoas queimava com o sol. Sem atreverem-se a abrir os olhos, elas tropeçavam e caiam. Era melhor sair para trabalhar somente à noite e passar o dia deitado descansando no interior das cavernas.

Os sóis queimavam de tal forma que nada cultivado cresceu, eles eram tão letais que todas as plantas murcharam. Sem comida nem bebida, metade da humanidade pereceu. Os que sobreviveram guardaram no peito um ódio absoluto do sol.

Nessa época havia um jovem chamado Gehuai. Ele era alto e forte, também era sábio e valente. Tinha a força de Hércules e uma pontaria infalível com o arco. Havia também uma velha senhora, cujo nome era Xiegu, que guiou os homens em busca desse jovem: "Gehuai, o fogo nocivo dos sóis é a faca que mata os humanos. Cada vez há mais pessoas morrendo queimadas, e cada vez menos sobreviventes. Sua força é maior que a nossa, sua estratégia mais forte. Vá abater os sóis até derrubá-los, elimina esse desastre para a humanidade."

Encorajado pela confiança das pessoas, ele pegou seu arco e suas flechas, despediu-se da sua mulher grávida na época e rapidamente dirigiu-se em direção ao Oriente. Todas as pessoas da aldeia saíram para despedirem-se com a esperança de que ele pudesse libertá-los desses sóis escaldantes.

Gehuai caminhou durante três anos, atravessando 30.000 montanhas, cruzando 30.000 planícies. Cruzou 30.000 rios secos, atravessou 30.000 florestas, matou 30.000 animais selvagens, acabou com 30.000 répteis venenosos e aves de rapina. Então, chegou até o pico de uma montanha no extremo leste do mundo, onde encontrava-se um imenso oceano onde as gaivotas voavam e enormes ondas bramiam.

Os sóis nasciam nesse leste, iluminando primeiro esse lugar. Um vapor quente subiu das águas até um céu queimado, lançando duas enormes ondas contra a face do penhasco como um relâmpago que quebra a terra. Gehuai esperava no pico da montanha quando, de repente, viu os dez dóis nascendo lentamente. Com a mão direita e a vista aguçada ele puxou seu arco e colocou nele uma flecha. Com um zumbido, um sol caiu no mar. Os outros nove viraram-se para fugir, para que suas flechas não pudessem atingi-los.

No dia seguinte Gehuai subiu de novo no pico da montanha. Prendendo a respiração, ele apontou o arco para o lugar onde os dóis deveriam aparecer. Então, assim que eles apontaram suas cabeças, escutou-se um zumbido de uma flecha e outro sol caiu no mar. Os oito sóis restantes, tremendamente assustados, não se atreveram a sair. Eles tentavam evitar Gehuai movendo-se de um lado para outro, mas ele se manteve erguido, disposto a disparar a qualquer momento, de tal maneira que se saísse um sol, ele dispararia. Assim foi por um ano, derrubando três sóis. O corpo de Gehuai não se dobrava nem se inclinava, de pé ele não abandonava a sua posição. Se saísse um sol, um ele alcançava, se saíssem dois, ele acertava os dois. Assim passaram-se mais dois anos, derrubando no mar cinco sóis.

Ainda restavam outros dois sóis que não se atreviam, de jeito nenhum, a aparecer. A terra transformou-se em um lugar frio e escuro. As pessoas não podiam realizar as suas tarefas, não tinham o que comer nem o que vestir. No meio da escuridão, nem mesmo Gehuai poderia mostrar o seu talento. A ansiedade apoderou-se do seu ânimo. Um deslizamento de terra fez com que caíssem pedras da montanha, mas seu coração era uma pedra que não se movia. De repente, o som de um cacarejo anunciou a chegada de um grande galo com a cabeça erguida.

"Grande galo vermelho de bom coração, por favor nos ajude chamando o sol para que ele saia. Tua voz é alta, clara e agradável, com certeza comoverá os sóis. Tua voz é alta, clara e agradável, com certeza que os sóis se sentirão tranquilos ao escutá-la. Se cantar suficientemente alto, animarás o coração dos sóis. Se cantar suficientemente alto, os sóis sairão e brilharão novamente."

"Se eu chamar os sóis com um cocorocó para que saiam, como você ira me recompensar?"

"Lhe darei uma taça de vinho e um punhado de arroz para que recuperes suas forças. Lhe doarei uma capa colorida e uma crista ereta para facilitar seu trabalho." Gehuai deu ao galo uma taça de vinho, que ele tomou contente balançando a cabeça. Depois deu-lhe um punhado de arroz, que comeu rindo alto. Quando estava saciado de comer e beber, o galo colocou a capa colorida e a crista. Satisfeito com os presentes recebidos, ele caminhou até o pico da montanha. "Cocorocó", cantou com a voz clara, e o resplendor do dia nasceu no leste. "Cocorocó", cantou pela segunda vez, e o horizonte pintou-se de vermelho. "Cocorocó", cantou pela terceira vez, e os dois sóis nasceram em fila.

Contudo, com dois sóis ainda fazia muito calor, então Gehuai pegou seu arco novamente e derrubou um sol. Ele sentiu-se culpado, embora a humanidade lhe tenha sido grata desde então. O sol que restou, colocou-se no centro do céu, cumprindo seu papel de fornecer luz e calor. Então, sem frio e sem calor demais, o mundo prosperou.

A lua escaldante

Naquele remoto tempo em que só restava um sol no céu iluminando os dias, não havia nem lua nem estrelas, e quando a noite chegava o mundo ficava na escuridão, preto como tinta. De repente apareceu em uma noite na metade do céu uma lua extremamente quente. Com sete pontas e oito cantos, ela não era nem redonda nem quadrada, ela mais parecia uma pedra estranha solta de uma montanha em algum tipo de colapso. Ela soltava chamas escaldantes que caiam sobre a terra como flechas de fogo.

Os campos de cultivo foram queimados, as pessoas se sentiam nervosas. Deitavam-se, mas não conseguiam pegar no sono, suspirando sem parar: "Céus, logo morreremos queimados. Não queremos essa lua de calor asfixiante."

No pé da Grande Montanha vivia um casal de jovens. O homem se chamava Yala e era um experiente arqueiro. A mulher se chamava Nue e era muito habilidosa com o bordado. Eles viviam da caça que ele conseguia e dos bordados que ela tecia; doces vidas repletas de amor.

Nue ao ver a ação maldosa da lua disse a Yala com palavras suaves: "Você é o melhor arqueiro do nosso povo, salve nosso vilarejo derrubando a lua" Yala assentiu, e batendo no peito pegou seu arco e flecha e foi até o pico da Grande Montanha. Ele cerrou os dentes, tensionou seu corpo e disparou uma flecha na lua. Mas a flecha caiu na metade do caminho. Ele disparou outras tantas flechas cem vezes, caindo todas elas no lago abaixo da montanha. Sua bolsa estava vazia e a lua escaldante continuava no meio do céu. Sem ter mais flechas, ele sentiu-se desesperado. Os cultivos estavam murchando, as pessoas emagreciam e sofriam cada vez mais. Afundando a cabeça em seu peito, Yala suspirava angustiado. De repente, a pedra que estava atrás dele abriu-se com um barulho, mostrando uma espécie de porta pela qual surgiu um velho de barba branca que lhe disse ao ouvido: "Na montanha do sul há um grande tigre, na montanha do norte vive um veado enorme. Se queres melhorar seu poder, trate de comer a carne do tigre e do veado, faça um arco com o tendão do tigre e umas flechas com cifre de veado. Então poderá disparar na lua com êxito."

Depois que acabou de falar, o velho acariciou a barba, virou-se e desapareceu novamente no interior da montanha. Somente ouviu-se o barulho da porta fechando atrás dele. Yala desceu da montanha para planejar com Nue de que maneira ele pegaria o tigre e o veado.

Nue disse: "Dispare contra eles, porque você é um grande arqueiro."

Yala respondeu: "Minhas flechas não atravessarão suas grossas peles."

Nue ficou pensando: "Usa meu cabelo para fazer uma rede grande."

Yala olhou para ela com os olhos abertos espantado: "Claro, ter uma rede sólida e resistente será de grande ajuda."

O cabelo de Nue era preto e comprido como a seda de uma minhoca depois de ser cortada e esticada. Durante 30 dias e 30 noites eles se dedicaram a tecer a rede, suando e até mesmo sangrando de calor. Quando acabaram, eles tinham uma rede que podia ser usada como uma armadilha. Então, levaram a rede para a montanha do sul e a colocaram na entrada da caverna onde o tigre vivia de modo que quando ele saiu para procurar comida, acabou preso nela. O tigre rugia e bramava, pulava e se agitava fazendo tremer as montanhas e a terra, mas o único que conseguia era ficar preso cada vez mais. Yala e Nue cravaram uma agulha de ferro em seu olho deixando-o cego, cortaram a sua cabeça com um machado e voltaram para casa carregando-o nas costas cantando de alegria.

Depois, eles foram para a montanha do norte, estenderam a rede na entrada da caverna onde o veado vivia de modo que quando ele saiu para procurar comida, ficou igualmente preso. O grande veado chorava e gritava, se agitava e pulava. Começou a cair chuva, o vento soprava, mas o único que ele conseguia era ficar cada vez mais preso. Yala e Nue cravaram uma agulha de ferro no olho dele deixando-o cego, cortaram sua cabeça com um machado e voltaram para casa carregando-o nas costas cantando de alegria.

Nue preparou um guisado delicioso com o tigre e com o veado e Yala o comeu. Quando acabou de comer, ele sentiu o sangue correr pelo seu corpo e a força de seus braços aumentar em mil quilos. Então, ele subiu mais uma vez a montanha levando seu arco feito com o tendão do tigre e suas flechas do chifre de veado. Cerrando os dentes, tensionando seu corpo, ele disparou. O arco de tendão de tigre lançou com força a flecha do chifre de veado até a lua. Acertou o astro no meio, soltando milhares de fagulhas que se estenderam em todas as direções e se espalharam pelo céu transformando-se em estrelas.

A flecha do chifre de veado depois de atingir a lua, caiu novamente na mão de Yala que voltou a atirá-la. Depois de cem disparos, todas as bordas da lua haviam sido eliminadas e o céu estava repleto de estrelas. A lua transformou-se em um disco que girava no céu. Porém, ainda que seus raios não fossem tão terríveis, continuavam emitindo um calor intenso que dificultava a vida das pessoas e seus cultivos.

Quando Yala desceu da montanha, Nue estava bordando. A agulha se movia com precisão entre as suas mãos. Na sua tela, ela havia bordado uma bela casa com uma canela dourada na porta, sob a qual se estendia uma grama macia em que cordeirinhos e coelhos brancos brincavam. Ela também havia bordado a si mesma na tela, e quando ia bordar Yala, o viu chegar da montanha com a cabeça baixa e com um ar preocupado.

"Não se preocupe", ela disse. "Amarra essa tela na flecha que você fez com o chifre de veado e dispara ela para o céu para cobrir a lua, assim conseguiremos esfriá-la."

Yala fez como Nue lhe instruiu, e a lua não voltou a incomodar com seu calor. Ao invés disso, ela passou a emitir um brilho fresco e claro, e sua forma transformou-se em algo mágico e encantador. Os cultivos voltaram a crescer e as pessoas recuperaram sua energia. Desde então, elas olham para a lua alegres e risonhas. A lua com vergonha dos olhares que lhe davam, foi-se elevando cada vez mais. Do alto da montanha Yala viu a Nue em meio ao seu bordado, saudando-a com a mão, enquanto Nue que estava na porta de sua casa, subia suavemente ao céu até alcançar a lua, fundindo-se com a sua imagem na tela.

Yala, completamente atordoado, gritou bem alto: "Nue por que você não bordou a mim também? Volte a casa o quanto antes." Ela também sentia ansiosa no interior da lua. Com seu próprio cabelo ela fez um rabo de cavalo bem grande e, quando a lua passou por cima da montanha onde estava Yala, ela soltou-o através das nuvens para que ele pudesse agarrá-lo e subisse até a lua. Desde então, os dois nunca mais se separaram.

A partir daí, Nue na lua[33] borda sua tela com as costas apoiadas no tronco de um osmanto. Yala pastora os cordeiros brancos e coelhos nos pastos da lua. Cada vez que eles pensam nas pessoas da terra, suas lágrimas transformam-se em orvalho, que umedece as gramas dos campos ao amanhecer.

O dilúvio que inunda a terra.

Choveu torrencialmente durante 99 dias, ninguém sabe há quanto tempo atrás. A terra ficou coberta pelas águas, morrendo todas as pessoas. O sol e a lua, que tinham um bondoso coração, sentiram pena de ver lá do céu a extinção da humanidade. O sol, franzindo as sobrancelhas, disse: "Não sobreviveu ninguém?". A lua, entre lágrimas, respondeu: "Não consigo ver nem a sombra de um ser humano". Então, propôs o sol: "A distância entre o céu e a terra é muito grande e nós não sabemos de fato a magnitude do desastre. Vamos até o mundo para ver exatamente o que aconteceu". A lua concordou com a cabeça, seguindo a sua ideia.

Eles deixaram suas formas exteriores com parte do seu brilho lá em cima no céu, transformando-se em um belo casal de jovens. O sol transformou-se em um rapaz de estatura grande, e a lua transformou-se em uma garota fina e delicada. Eles chegaram na montanha Yaoshan montados sobre as nuvens.[34] Caminharam de um lugar para outro, subindo e descendo montanhas até terminarem com seus membros feridos e seu espírito esgotado, sem encontrar nem o vestígio de uma pessoa sequer.

A garota começou a soluçar, suas lágrimas brilhantes caiam sobre a terra: "Os seres humanos eram tão inteligentes e nobres, e agora extinguiram-se". O sol, entretanto, meditava no silêncio; quando passou um bom tempo ele disse: "Chorar não tem nenhuma utilidade, devemos fazer algo para que a humanidade volte a renascer".

"A humanidade já se extinguiu. Como é possível fazê-los renascer?"

---

[33] A deusa que vive na lua é Chang'e para os chineses.
[34] Em Guangxi, é o lugar onde concentram-se a maioria dos Yao que adoram a Miluotuo.

"Irmã lua, nós podemos nos fundir e ter filhos e filhas para criar, uma nova humanidade."

A lua ao escutá-lo, enrubesceu de vergonha: "Irmão sol, como podemos fazer isso? As irmãs estrelas rirão de nós. E se o Rei Celestial nos castigar, quem assumirá a responsabilidade?"

O sol pegou em sua mão: "Não há nada de errado no que estou te propondo, se com isso conseguirmos recriar a humanidade, irmã lua".

A lua sabia que o sol, sensível e honesto, insistiria que fizessem o que lhe dizia. Ela tinha certeza de que não havia uma forma de convencê-lo a mudar de opinião. Porém, como o sol era grande e desajeitado, enquanto, que ela era ágil e esbelta, pensou em apostar uma corrida, e quem a ganhasse tomaria a decisão, acreditando que, se ele perdesse, ele abandonaria sua ideia.

O sol ficou muito feliz com a proposta de uma corrida; de fato, ele pensou que a lua já tinha aceitado a ideia de casar-se. A lua corria sem parar em torno do pico mais alto das montanhas Yaoshan, mais rápida que uma andorinha, mais leve que as nuvens. O sol corria atrás dela banhado em um mar de suor. Com o corpo ensopado, sentia-se exausto. Depois de já ter corrido meio dia, ele não via nem vestígio da lua, a única coisa que podia alcançar era o eco das suas risadas. O sol continuava correndo cada vez mais cansado. Quando já estava a ponto de perder a paciência ao ver que tinha sido vencido, apareceu uma grande tartaruga no meio do caminho que levantou a cabeça e disse: "Sol, sol. Você só alcançará a lua se for no sentido contrário". O sol correu para o outro lado e, em seguida, bateu com a lua que vinha de frente, a qual, sem conseguir parar, caiu justamente em seus braços. "Não vale, não vale. Quem te deu a ideia de agir dessa forma?". A lua ficou zangada com a tartaruga, e lançando-se sobre ela rompeu seu casco em quatro pedaços.

"Isso significa que você deve aceitar formar uma família e recriar a humanidade". Disse o sol.

"Ainda não sei se esse é o nosso destino". Respondeu a lua.

"Vamos pegar duas pedras, cada um subirá ao pico de uma montanha carregando uma pedra, e as deixaremos cair ao mesmo tempo. Se ambas as pedras se encaixarem ao cair, significa que nosso matrimônio está predestinado".

Havia um par de pedras que tinham sido usadas pelos deuses para triturar remédios. O sol e a lua pegaram uma cada um e subiram até o pico de uma montanha. "Solte-a", disse a lua. As duas pedras rolaram simultaneamente montanha abaixo. A lua, com seu corpo leva e suas pernas rápidas, foi a primeira a chegar para ver o resultado. Era realmente estranho, porque as duas pedras haviam se encaixado perfeitamente. Seu rosto estava perturbado, enquanto, que seu coração estava adocicado como o mel. Mas quando ela viu o sol chegar, não se sabe se por vergonha ou por travessura, separou rapidamente as pedras.

"Irmã lua, as pedras estão mortas, mas nós estamos vivos. Como elas podem determinar o nosso destino?"

"Irmão sol. Vamos subir novamente essas duas montanhas e nos penteemos um de frente ao outro. Se nossos cabelos voarem entrelaçando-se entre eles, isso demonstrará que nossa união está predeterminada".

Eles descobriram uma penteadeira nas montanhas Yaoshan, na qual as deusas haviam se maquiado no passado. O sol e a lua pegaram dois pentes de jade e subindo cada um a uma montanha, pentearam-se de forma mágica, porque quanto mais se penteavam mais seu cabelo crescia. Os cabelos foram espalhando-se até a montanha oposta de modo que se uniram no meio do ar sem que se pudesse notar nenhuma diferença entre eles.

"Irmã lua, o que você vai dizer agora? Pela humanidade, case-se comigo". O sol apresentou à lua seu anel de jade com as duas mãos para firmar seu compromisso de acordo com o costume das pessoas. A lua olhou para o sol com um terno sorriso: "Ainda não sei se será conveniente, se eu poderei aguentar as piadas dos outros deuses, nem as terríveis regras do Rei do Céu".

"Nossas melhores amigas são as sete estrelas[35]. Pergunte a elas se é correto". A lua assentiu com lágrimas nos olhos. Cortou os cabelos que continuavam unidos e voou ao céu para contar as suas preocupações às sete estrelas irmãs. Elas sentiram-se tão envergonhadas que cobriram seus rostos. Apesar disso, a maior delas disse convencida: "Já que é para o bem da humanidade, acredito que

---

[35] Sete são os dias da semana, o ciclo feminino e as estrelas da Ursa Maior.

você pode se casar". As outras concordaram e a encorajaram rindo e batendo palmas. A lua ainda continuava preocupada porque seria difícil conseguir o consentimento do Rei do Céu. A segunda irmã então propôs: "Estenderemos nuvens coloridas cobrindo a montanha Yaoshan para impedir que o Rei do Céu veja o que se passa". As outras concordaram.

A lua, com expressão de felicidade depois de soltar suas preocupações, voltou para onde o sol a esperava nervoso. Mesmo tendo o coração cheio de alegria, ela fez uma cara feia: "As sete irmãs não paravam de fazer piadas, elas não gostaram nada. Que desespero irmão sol!" O sol sentiu-se tão desanimado que começou a chorar com uma criança. A lua, comovida pelo amor dele por ela e pela humanidade, lançou-se em seus braços com um misto de medo e felicidade. Pegando o anel de jade que ele lhe deu, limpou as lágrimas de seus olhos e aceitou o seu pedido.

Quando as sete irmãs estenderam as nuvens coloridas, o sol e a lua casaram-se na montanha Yaoshan. Depois construíram uma casa de madeira, da qual saia fumaça do seu fogão. Seus dias decorreram em uma doce felicidade, o homem cultivando e a mulher tecendo. A lua ficou grávida e seu rosto estava ainda mais bonito. O sol, dia e noite, cumpria com as suas obrigações como marido, mostrando-se cada vez mais amável. Um dia, inúmeros pássaros concentraram-se ao redor da sua casa: cantando e dançando alegres, eles parabenizavam ao sol e a lua sob as nuvens coloridas.

A lua entrou em trabalho de parto e logo depois tornou-se em mãe. Quando o sol pegou o recém-nascido, viu que era na verdade uma abóbora grande. A lua achou aquilo muito estranho e chorava amargamente lágrimas como pérolas. Ela pediu ao sol que a enterrasse imediatamente, para evitar a dor de ter que vê-la novamente. O sol pegou a abóbora, e sem desanimar disse: "Não importa o que seja, vou ver o que tem dentro", enquanto a cortava em dois com uma faca. Em seu interior havia somente sementes, como em qualquer abóbora. A lua, decepcionada, espalhou as sementes de abóbora em torno da montanha Yaoshan. "A humanidade que se extinguiu não poderá renascer, assim como uma pedra que nunca poderá florescer". O sol e a lua, no meio do seu desespero, abraçaram-se chorando amargamente, até que sentindo-se esgotados, dormiram.

No dia seguinte ao amanhecer, apareceu novamente uma revoada de pássaros, dançando uma bela dança e cantando com comoção. Como se não conhecessem a tristeza dos amantes, lhes despertaram com seu barulho. O sol e a lua foram à porta, sem acreditar no que viam seus olhos. Em cada lugar por onde haviam espalhado as sementes de abóbora[36], encontravam-se agora casas de bambu, cujas cozinhas soltavam fumaças que iam até o céu. Pessoas vestidas com roupas coloridas cultivavam e teciam felizes. Então, compreenderam que as sementes de abóbora que haviam se espalhado pelo campo, constituíam a primeira geração de uma nova humanidade. Olhando-se satisfeitos, lhes deram o nome de "Bunu".

Durante o ano em que o sol e a lua abandonaram suas formas exteriores para descer à terra, eles haviam deixado para trás parte de seu brilho. Agora, sua luz estava quase que acabada, e seus raios eram cada vez mais frágeis. Não esquecendo sua responsabilidade de iluminar o mundo, eles decidiram abandonar seus filhos para voltar ao céu. Mas, antes lhes contaram esse conto para que as gerações posteriores conhecessem sua própria origem e vivessem felizes.

---

[36] Se entre muitos povos da China a abóbora simboliza o útero materno que dá origem à humanidade, aqui essa relação se mostra mais do que evidente.

A deusa Yaxian cria a humanidade. Um mito dos Shui

No tempo em que o céu e a terra se separaram, a terra era um lugar estéril e desolado, sobre o qual não vivia ninguém. Yaxian desceu do céu. Viu que não havia quem colhesse os frutos das árvores, nem quem bebesse as águas dos mananciais, nem quem comandasse os pássaros do céu e os animais da terra, e então decidiu criar a humanidade para que ela governasse o mundo. Para isso, ela cortou várias figuras de papel e colocou dentro de uma caixa de madeira com a intenção de que, passados dez dias, se transformassem em pessoas. Mas, como se sentia muito sozinha, passados somente sete dias, ela abriu a caixa, da qual saltaram uma porção de anões. Essas pessoas eram muito baixas, quando ficavam de pé só chegavam à altura do joelho de Yaxian, e muito magras porque seu peito estava vazio e quase colado às suas costas.

A deusa levou esses anões para construírem uma casa, mas como tinham os braços fracos e as pernas moles, eles não conseguiam levantar a viga principal nem os troncos das árvores. Então, ela decidiu fazer a viga principal com um caule de girassol e as paredes com plantas. Ainda assim faltavam três homens para trazer um caule de girassol, e cinco para trazer um punhado de plantas. Quando a casa ficou pronta, não os protegia do vento nem tão pouco da chuva. Yaxian vendo o quadro, balançou a cabeça. Se sentia culpada por ter aberto a caixa antes que a humanidade atingisse o tamanho adequado.

Ela disse aos anões que fossem à encosta da montanha para plantar seus cultivos, mas logo em seguida eles voltaram correndo. A deusa irritou-se pensando que eram preguiçosos e quis dar-lhes uma lição com uma vara, mas os anões assustados começaram a chorar de joelhos no chão explicando que as lontras do rio, ao vê-los tão pequenos, se atiraram contra eles e lhes morderam, e as águias do céu, ao vê-los tão magros, se atiraram contra eles e lhes bicaram. Depois de escutá-los, ela pensou que seria melhor que ficassem em casa.

Como essa humanidade não podia ir para os campos para ganhar a vida, nem combater os animais selvagens, Yaxian subiu ao céu para perguntar ao pai celestial Xiangong e a mãe celestial Xianmu, se deveriam continuar vivendo na terra. Os deuses, depois de pensar sobre o assunto, chegaram à conclusão de que eles não podiam viver nesse mundo, então, o pai celestial soltou o tigre e a mãe celestial o gavião, que juntos comeram os anões. Passados três dias, não tinha uma só pessoa sobre o mundo, tudo estava tão estéril e desolado como antes.

A deusa voltou a criar a humanidade. Novamente confeccionou umas figuras de papel e as colocou apertadas na sua caixa de madeira. Dessa vez não ficou impaciente, ela chamou um pássaro para que lhe fizesse companhia, e um rato para que guardasse sua porta do lado de fora. Passados dez dias ela abriu a tampa da caixa: de seu interior saíram vários homens e mulheres, então uma rajada de vento soprou, e essas pessoas cresceram até seu tamanho. Uma vez finalizada sua criação, ela passou o governo do mundo ao gênero humano.

Plantando uma abóbora, colhendo muitas.

Yaxian queria voltar para o céu, mas havia um casal de irmãos que não queriam separar-se dela, então prolongavam sua despedida repetidamente. O irmão a acompanhava do pico de uma montanha até outra, e a irmã a seguia um vale após o outro. Quando estavam a ponto de separar-se, a deusa, comovida pela inteligência e doçura dos irmãos, arrancou um dos seus olhos e disse: "Toma, vá plantá-lo na terra, então descobrirá como é bom pra você". A irmã ao vê-lo tremeu de medo, o irmão, mais corajoso, o pegou com as suas mãos.

Ao voltarem para casa, eles plantaram na sua horta o olho de Yaxian. A irmã o regou com três baldes de água, o irmão usou seu chapéu de bambu para abaná-lo três vezes. Ao abanar pela primeira vez, surgiu o broto fraco de uma abóbora; ao abanar pela segunda vez, do broto da abóbora surgiu uma videira; ao abanar pela terceira vez, a videira cresceu três zhang (dez metros). No dia seguinte, a irmã o regou novamente com seis baldes de água, o irmão usou seu chapéu de bambu para abaná-lo outras três vezes. Ao abanar a primeira, a videira produziu uma abóbora; ao abanar a segunda, a abóbora cresceu até atingir o tamanho de uma peneira; ao abandar a terceira vez, a abóbora cresceu até atingir o tamanho de um balde. Os irmãos estavam muito felizes. Cortaram uma árvore para fazer uns cabides com a sua madeira, e ansiosos pelo momento em que a abóbora amadureceria, passavam o dia de guarda embaixo da sua copa.

Passado um ano, as folhas da videira murcharam, a casca da abóbora ficou amarela. O irmão queria construir uma casa com a abóbora e a irmã montar um celeiro. Os irmãos discutiam sem que nenhum deles se mostrasse disposto a ceder. Pensaram em procurar a deusa para que ela decidisse, mas ela havia ido para o céu e ninguém sabia quando voltaria. Como não encontraram outra saída, concordaram que o melhor seria deixar que a sorte decidisse. Se a popa da abóbora fosse vermelha, eles construiriam uma casa; se fosse branca, fariam um celeiro. Então, o irmão pegou sua faca e cortou-a. A popa da abóbora era tão vermelha como a flor de pêssego, então eles a esvaziaram, comeram sua carne, e o irmão construiu a estrutura da cama, enquanto a irmã preparava o colchão.

Os irmãos viveram dentro da abóbora.[37] Sem temer os ventos, as chuvas, nem os animais selvagens, eles passavam seus dias muito felizes. Porém, as pessoas os invejavam e foram pedir-lhes umas sementes porque também queriam conseguir uma grande abóbora que servisse de casa para viver. Mas a semente, depois de ter brotado, surgido a videira e produzido a abóbora, só tinha o tamanho de um chapéu de bambu. As pessoas não conseguiam o que queriam, e não tiveram outra opção senão continuar vivendo sobre as árvores.

Esse ano o céu mudou. Nuvens negras chegaram vindas do oeste, uma sucessão de relâmpagos aterrorizaram as pessoas que não se atreviam a abrir os olhos. As árvores da montanha caíram queimadas pelos raios. Os cultivos dos campos foram arrastados pela inundação. Choveu durante 37 dias e continuou chovendo mais cem. Durante 37 dias a chuva não parou, durante cem dias não parou de chover[38]. A água transbordava dos rios e corria furiosa pelas encostas das montanhas. Enchendo cada vale, inundando as casas, ela subiu até cobrir as copas das árvores. As grandes árvores foram arrancadas pela raiz, os cadáveres boiavam à deriva nas águas.

---

[37] Lembramos sua relação com o útero.
[38] Os Shui utilizam medidas de tempo características.

Os dois irmãos não morreram afogados porque a água arrastou a abóbora que, durante muitos dias ficou boiando à deriva. Eles estavam a ponto de morrer de fome porque a inundação continuou subindo até as portas do céu, então não tinha outra opção senão pedir ajuda a Yaxian. A deusa, ao saber pelos seus gritos que estavam em dificuldades, pediu ao Rei Dragão que abrisse um poço para que a água baixasse, ao tatu que perfurasse uma montanha, e ao pica pau que fizesse um buraco no ventre da terra. Pouco a pouco a água foi fluindo pelo poço, pela cavidade na montanha e pelo buraco na terra. Seu nível baixou durante 37 dias e continuou descendo por mais cem dias. A abóbora tocou o solo novamente, os irmãos estavam salvos.

Naquele momento, o mundo mostrou-se diante de seus olhos estéril e desolado. Os dois irmãos, de mãos dadas, percorreram muitas montanhas sem ver uma floresta sequer, uma única casa, um único vestígio humano. Eles queriam contar à deusa o que tinha acontecido, mas não encontravam o caminho para subir ao céu, nem viram que ela havia descido, por isso, não tiveram outra escolha senão viver sozinhos na terra.

A irmã se transforma em esposa.
Passaram-se três anos e os irmãos tornaram-se adultos. Não tendo nenhuma outra pessoa na terra eles se sentiam muito deprimidos.

Um dia a irmã disse: "Você tem que encontrar uma esposa, senão, acabaremos com a descendência humana".

"Irmãzinha, está bem, porém, abaixo do céu, fora nós dois, onde encontraremos outra pessoa?"

"Vamos procurar. Não podemos ter certeza de que nessa montanha tão alta não viva ninguém".

O irmão também desejava encontrar alguém, então começaram a busca. Caminharam e caminharam até que um bambuzal bloqueou seu caminho. A irmã perguntou: "Bambu, você que vive sobre a rocha, cresce à beira do caminho, por favor me diga onde as pessoas vivem, quero encontrar um esposo e ter filhos e filhas para aumentar a linhagem humana".

O bambu estendendo sua cintura cantou: "O grande dilúvio inundou o mundo. Sobre a terra já não há vestígio de pessoas. O velho bambu morreu, o broto lhe substituiu. Para criar a humanidade, o irmão deve formar um casal com a sua irmã". A irmã ao escutá-lo ficou vermelha e o cortou com sua faca em vários pedaços. O irmão, que não concordava, juntou os pedaços de bambu, do qual saíram seus nós, unindo ele novamente.

Os irmãos seguiram até encontrar um corvo que procurava comida à beira do caminho. A irmã lhe disse: "Ei, corvo. Tu que voa pelo céu e descansa sobre a copa das árvores, por favor me diga onde as pessoas vivem. Porque quero encontrar um esposo para ter filhos e filhas e aumentar a humanidade".

O corvo pulou até colocar-se frente a ela cantando: "O grande dilúvio inundou o mundo. Sobre a terra já não há vestígio de pessoas. Para criar a humanidade, o irmão deve formar um casal com a sua irmã". A irmã ao escutá-lo se irritou tanto que seu rosto estava furioso, então agarrou o corvo e o esfregou em um estrume de vaca. Suas penas se tingiram de preto, da sua garganta só saia um som de lamento: "Tongya, tongya", um som que ele repete desde então quando vê uma pessoa.

Os irmãos continuaram caminhando até que um grande rio bloqueou seu caminho, nele havia um boi brincando na água. A irmã lhe perguntou: "Boi, tu que andas até o início e fim desse rio, por favor me diga onde vivem as pessoas, porque quero encontrar um esposo para ter filhos e filhas e aumentar a humanidade".

O boi moveu até cabeça na direção dela cantando: "O grande dilúvio inundou o mundo. Sobre a terra já não há vestígio de pessoas. Para criar a humanidade, o irmão deve formar um casal com a sua irmã". A irmã ao escutá-lo tremeu de raiva, foi até ele e torceu seu chifre para trás até que ficassem no formato de lua. Os torceu com tanta raiva que os chifres dos bois ainda se veem nas marcas de suas mãos.

Como nas três ocasiões que perguntaram lhes responderam que deviam formar um casal, a irmã suspeitou que o irmão havia combinado com o bambu, com o corvo e com o boi essas respostas. E embora ele negasse repetidas vezes, ela não acreditou nele e, além disso, recusou-se a continuar caminhando.

Os irmãos se casam.

As flores se abriram três vezes, os frutos amadureceram três vezes, os irmãos passaram três anos sobre a terra. Nesse dia Yaxian desceu do céu. A irmã lhe disse que não queria viver sozinha e pediu-lhe que cortasse mais papéis pra criar mais pessoas e aumentar a espécie humana. A deusa, abrindo seus braços lhe disse: "O papel foi recolhido pelo pai celestial, as tesouras foram recolhidas pela mãe celestial. O rato mordeu a caixa de madeira e deixou-lhe um grande buraco".

A irmã, sem ver outra escolha, pediu que lhe ajudasse a procurar um marido. A deusa, olhando-a nos olhos, lhe disse cantando: "O grande dilúvio inundou o mundo. Todas as pessoas morreram. Para criar a humanidade, o irmão deve formar um casal com a sua irmã".

A irmã ao escutá-la virou-lhe as costas irritada. Yaxian, segurando em seu ombro, lhe disse: "Esse é um assunto que não tem remédio. Se você quer aumentar a espécie humana, tem que mudar as regras que lhe deram seus antepassados".

Como a irmã abaixou a cabeça sem responder, a deusa continuou: "Vamos fazer três provas. Se forem positivas eu os casarei. Se não, é porque a vontade do céu é que a humanidade se extinga". Quando terminou de falar, apontou para uma estaca que estava no chão e disse: "Vocês vão caminhar em direções opostas durante três dias e três noites. Depois o irmão tirará o chapéu e a irmã a blusa. Se os dois objetos voarem de volta sobre essa estaca, significará que devem se tornar marido e mulher".

A irmã pensou que tal coisa era impossível e caminhou muito feliz na direção leste. Ao final de três dias e três noites ela andou 99 km, enquanto, que seu irmão andou 330 km. Ele tirou o chapéu e agitou em direção ao céu, onde um vento favorável o levou voando até colocá-lo sobre a estaca. Ela tinha acabado de tirar a blusa quando uma rajada de vento a arrastou até o mesmo lugar.

A irmã ao vê-la pensou: "Isso foi uma coincidência. Ainda podemos fazer outra prova.

Yaxian deu a irmã uma agulha e lhe disse que devia soltá-la do pico da montanha do leste, e ao irmão uma linha que soltaria, por sua vez, do pico da montanha do oeste, de modo que, se a linha se enfiasse na agulha, eles se tornariam marido e mulher.

A irmã subiu a montanha do leste pensando: "A montanha do oeste está a dois km de distância. Como a linha vai conseguir enfiar-se na agulha?" Deixou cair a agulha, de propósito, sobre a rocha que estava atrás dela. Passado um tempo, ela deu a volta para olhar. A linha atirada por seu irmão havia atravessado a cabeça da agulha. Aterrorizada, ela quase tropeçou na pedra e caiu.

Por último, a deusa deu a irmã um peixe e lhe disse que o soltasse nesse lado do rio, depois deu ao irmão uma vara dizendo-lhe que fosse para a outra margem, de modo que, se o irmão pescasse o peixe que a irmã tinha em sua mão, deveriam tornar-se marido e mulher.

A irmã segurava fortemente o peixe com as duas mãos, mantendo-o escondido embaixo da água para impedir que seu irmão pudesse pescá-lo. Mas naquele momento, o bambu da sua margem se esticou, enganchando-se na sua roupa, o corvo voou defecando sobre a sua cabeça e o boi saiu do rio atirando-se contra ela com um mugido. A irmã, nervosa desenganchou o bambu, limpou-se da cagada do corvo e espantou o boi, deixando cair o peixe da sua mão na água. Antes que pudesse recuperá-lo, seu irmão já o havia pescado.

Depois de terem cumprido as três provas, a irmã não tinha nada a dizer. O melhor seria aceitar tornar-se a esposa do seu irmão. Não passou muito tempo até que ela ficasse grávida. Nove anos e novo meses depois, ela pariu um pedaço de carne sem cabeça nem peito, sem braços nem pernas, que pesava noventa jin[39]. Ela começou a chorar irritada dizendo que era um castigo dos ancestrais, ofendidos pelo seu casamento. O irmão pensou que tinha tido um monstro, poliu-o três dias e três noites com seu machado, cortou-o com 99 lâminas até ter 9.999 pedaços que atirou em nove picos, nove encostas e novo rios.

Na manhã seguinte, quando os irmãos saíram à porta de casa, nos nove picos, nas nove encostas e nos nove rios, viam-se pessoas cantando e rindo. Iam chegando pessoas de todos os lados até sua casa. Uns diziam "Apu" (pai em shui), outros diziam "Ani" (mãe em shui). Os irmãos felizes, riam a gargalhadas.

Desde então, foram-se ampliando as gerações posteriores.

---

[39] Um jin equivale a meio quilo.

A Menina do Sol, a origem dos Elunchunes[40]

Há muito, muito tempo atrás, havia um famoso caçador que vivia próximo a um lago aos pés da montanha Baikala. Um dia quando ele saiu para caçar, viu sete belas donzelas banhando-se no lago. O nome da mais nova era "Menina do Sol", que depois de ver o caçador, disse a suas irmãs: "O mundo dos humanos me parece melhor que o dos céus".

As irmãs gozaram dela dizendo: "Parece que nossa irmãzinha está se sentindo seduzida pelo jovem caçador".

A Menina do Sol sentiu-se perturbada por essas palavras, mas fingindo que não as tinha ouvido, continuou brincando na água. O jovem caçador que tinha escutado a conversa pensou: "A melhor coisa que poderia acontecer na minha vida é ter a Menina do Sol como esposa".

Quando as sete deusas acabaram seu banho, elas se prepararam para voar de volta ao céu. A Menina do Sol voou primeiro até uma rocha ao pé de uma montanha e depois de urinar em uma fresta ela voou para o céu para alcançar suas irmãs. Ao vê-la voar, o caçador se aproximou da rocha onde ela estava sentada, observando-a se distanciar para o céu até que a perdeu de vista. Então, ele urinou na mesma fresta, que imediatamente se solidificou.

Passados quarenta e nove dias, surgiu de dentro da rocha o choro de uma criança[41]. O pai do céu, que sabia o que estava passando, chamou a Menina do Sol e lhe disse: "Já que você se banhou perto do caçador, deves ir à terra e passar seus dias com ele".

A Menina do Sol fez como ele mandou, voando para cima da rocha. Então soprou o alento do seu espírito e a rocha se abriu. Ela abraçou a criança que saiu de dentro e com um sorriso correu ao

---

[40] Existe uma versão muito parecida no mito de origem dos mongóis que vivem nas proximidades.

[41] A humanidade que surge da rocha, por mais estranho que pareça à primeira vista, é um motivo mítico relativamente frequente.

encontro do caçador[42]. À criança deram o nome de Morembuk, e a partir daquele dia tiveram uma vida felizes como caçadores.

---

[42] Nessa própria obra vemos vários exemplos de casamentos entre as deusas e os homens. O contrário, de deuses que vão à terra para casar-se, é muito mais raro, se não completamente inexistente.

Amoyaobai, a deusa dos Jino

No passado, o universo era um vasto oceano completamente vazio. Até que um dia Amoyaobai apareceu no mundo. Uma força gigante inesgotável que tinha que comer a cada dia quase 50 quilos de comida, era capaz de fazer muitas coisas e fazê-las muito rápido: podia mover duas montanhas ao mesmo tempo. Flutuando no céu ele viu que a terra era um imenso mar estéril, sem um lugar para poder descansar, então, usando suas mãos ele fez a terra subir, deixando que a área onde estava o mar se transformasse em planície. Para ter certeza se a terra estava firme ou não, ele pressionou com seus dedos. Na região onde ele pressionou, formaram-se concavidades, e onde não havia pressionado surgiram proeminências. Dessa forma, criaram-se as planícies, os vales e as montanhas. Ele voou ao céu e voltou a olhar: sobre a terra amarela não havia uma alma, em parte alguma se via um vestígio de vida. Tudo era um terreno baldio.

Amoyaobai esfregou suas mãos, e com o material que saiu criou os porcos, cavalos, ovelhas, vacas, veados, esquilos e todos os animais da terra e peixes das águas. Depois, retirou um pouco de carne do corpo de cada animal modelando o elefante que, por isso, é o maior dos animais. Como viu que os ratos eram muito numerosos, e iam por todos os lugares roubando coisas para comer, criou o gato para que lhes controlasse. Depois, vendo que os animais não tinham nada para comer, raspou sua cabeça, e usando os cabelos que caíram, ele criou as árvores para que os animais pudessem se alimentar.

Mais tarde, Amoyaobai criou a humanidade, mas ao colocá-la misturada com os outros animais, ele sofreu continuamente suas afrontas. Quando os adultos saiam para trabalhar, as crianças eram devoradas pelos elefantes; ou pelas abelhas de cabeça grande que chegavam em enxames e metiam-se por toda parte que, em um dia, podiam comer uma criança inteira deixando somente seus ossos. Além disso, no rio estavam os lagartos que se enganchavam nas pessoas e lhes chupavam o sangue. As pessoas queixavam-se para Amoyaobai: "Amoyaobai, você é a nossa deusa. Nós somos fruto da sua criação, existimos porque você existe; mas nossos descendentes são devorados por elefantes, pelas abelhas de cabeça grande e pelos lagartos. O que podemos fazer?"

Amoyaobai lhes ensinou a controlar os elefantes com uma prensa de óleo. Quando os elefantes chegaram para comer as crianças, lhes disseram que passassem pela prensa porque as crianças dali era mais amáveis e brincalhonas. Enquanto os elefantes passavam, os homens os atacavam com todas as suas forças. Os elefantes gritavam: "Nos liberte, nos liberte". "Se vocês concordarem em não comer nossos filhos, nós os liberamos. Se não, os matamos". Aos elefantes não sobrou outra escolha senão aceitar, e desde então eles deixaram de comer as crianças.

Para controlar as abelhas de cabeça grande, Amoyaobai dividiu o ano e quatro estações, primavera, verão, outono e inverno. E ao chegar o inverno, quando os ventos gelados percorriam a terra[43], as abelhas morriam congeladas.

Amoyaobai depois ensinou as pessoas a tecer plantas para construir um tipo de instrumento, que quando colocado nas valas soava "hala, hala" quando a água passava. Isso assustava os lagartos, que não voltaram a chupar o sangue das pessoas.

As pessoas haviam se queixado diante da deusa, mas os animais também não estavam felizes e, também foram reclamar, dizendo que as pessoas os matavam, o que era uma grande crueldade e, além disso, os comiam, o que já era demais. A pomba rola disse que os homens estavam perfurando seu peito usando seus arcos. Javalis e ursos denunciaram que estavam usando espingardas e arcos para matá-los. Os peixes os acusaram de colocar redes em suas casas para capturá-los, e por mais que tentasse atravessá-las, eles não conseguiam. Os animais estavam muito agitados pedindo a Amoyaobai que mandasse um trovão para fulminar a humanidade, se não, eles seriam exterminados. A deusa escutou tranquilamente sem dizer uma palavra.

Naquele momento, a andorinha disse: "Tudo o que estão dizendo é incorreto. As pessoas não tratam com injustiça os animais. Vejam meu exemplo, eu vivo no beiral das suas casas, onde passo o inverno.

---

[43] Os Jino agora vivem no trópico, mas sabe-se que emigraram de alguma região mais ao norte.

Eles acendem lá dentro o fogo, e eu durmo em meu ninho tão quentinha. Não me pegam, nem me matam, nem me insultam. Pomba rola, você tem asas. Quando apontam o arco para caçá-la, por que você não voa? Peixe, por que não pensa em uma maneira de atravessar a rede e escapar? Javali, urso, vocês, por um acaso, não comem o cultivo das pessoas? Como dizem que o homem os fere?" Quando terminou de falar, ela voltou ao seu ninho na casa do homem. Os animais ficaram discutindo acaloradamente. Cada um expôs as suas razões sem que nenhum deles concordasse com o outro, então eles acabaram se dispersando.

Amoyaobai pensou que as palavras da andorinha eram razoáveis, mas por outro lado, observou que as pessoas caminhavam muito depressa. As pernas das pessoas naquela época eram retas, sem joelhos, e quando corriam eram como se voasse, o que facilitava para eles capturar pássaros e animais. Se as coisas continuassem assim, os animais poderiam ser exterminados pelas pessoas, então o melhor seria fazer com que as pessoas caminhassem mais devagar e não matassem tantos animais. Para isso, ela acrescentou o osso do joelho à perna. A deusa não mandou um trovão para fulminar as pessoas. Ela é, de fato, a pessoa mais carinhosa.

Passado, muito, muito tempo, surgiram no meio do céu sete sóis, emitindo um calor tão forte que queimou todas as coisas. A terra foi queimada, as árvores morreram por causa dos raios solares, a grande árvore que pode viver milhões de anos secou e morreu devido ao calor dos sóis, o boi malhado e o porco listrado também morreram queimados. A humanidade também não tinha como viver naquele mundo. Após deliberação, eles decidiram se levantar para caçar os sóis. Os sete sóis assustados se retiraram um a um do céu, escondendo-se.

Sem sol o mundo se transformou em um lugar negro. Se estendesse as mãos não se viam nem os dedos. No meio dessa escuridão a humanidade também não poderia viver. Os animais não poderiam crescer, então a única solução foi procurar o sol: "Sol, por favor, volte a aparecer para iluminar o mundo, sem a sua luz não podemos plantar nossos cultivos, nem caçar os animais, ou seja, não podemos viver". Mas o sol não gostava das pessoas, continuando muito tempo escondido de um lado do céu sem escutá-los. Então, as pessoas pegaram vinho, verduras e arroz para rezar ao Deus do Céu que ordenasse ao sol que aparecesse para iluminar o mundo, porém o sol continuava escondido.

Finalmente as pessoas foram pedir ajuda a Amoyaobai, que lhes disse que deviam enfiar um galo sem cabeça na ponta de uma estaca, ensinando-o a cantar "wu, wu", e então o sol sairia. Eles agiram conforme suas instruções, e quando o galo cantou uma vez, o sol apareceu. O mundo teve luz e calor, a humanidade pôde trabalhar alegre. A partir de então, quando as pessoas sacrificam um boi na cerimônia de levantar uma casa, colocam um galo morto nas costas com a cabeça enfiada entre as asas, para que pareça um galo sem cabeça. Esse galo é uma oferenda ao Deus do Sol.

Após criar o céu e a terra, Amoyaobai dividiu a humanidade em Han[44], Dai[45] e Jino, e os convocou para que se espalhassem no mundo, mas como os Jino viviam muito distantes, não chegaram a tempo. Ela os esperou por sete dias e sete noites, mas não apareceram por nenhuma parte. Ela mesma foi convidá-los a vir, mas foram muito covardes, e ainda que lhes chamassem de um lado e de outro, eles não se atreveram a vir. A deusa irritou-se e foi embora, mas quando passou pela montanha Kongminh shan, onde viveram os antepassados dos Jino, seu coração se abrandou um pouco e pensou que como ela não tinha ajudado na divisão do mundo, posteriormente sua vida seria muito difícil, então ela espalhou umas sementes de chá desde o topo da montanha até as aldeias Manka e Longpa, que desde então produzem muito chá.

Após terminar de repartir o mundo, ela chamou novamente os Han, os Dai e os Jino para dividir com eles as ferramentas. Os Han pegaram a cabeça dos cavalos, por isso montam a cavalo para fazer negócios como cavalheiros. Os Dai pegaram um poste de bambu para carregar coisas, por isso eles vivem nas planícies e usam esse poste para transportar o milho. Os honrados Jino pegaram cestos e

---

44 Os chineses mandarins para diferenciá-los das minorias.
45 Relacionados com os tai da Tailândia. Ocupam as terras baixas de Xishuangbanna onde estabeleceram um reino até início do século XX. São os vizinhos dos Jino.

mesas para carregar coisas nas costas, por isso, até hoje em dia, eles carregam nas montanhas coisas nas costas.

Após colocar em ordem a vida das pessoas, ela instituiu que o chefe[46] fosse a pessoa mais graduada, e que ao celebrar as festas, as pessoas se reunissem à porta da sua casa.

Após de distribuir as ferramentas, Amoyaobai decidiu que à família dos ratos do arroz viveriam em cavernas na montanha, à família dos ratos cavariam suas tocas debaixo da terra, e a família dos esquilos passariam seus dias no alto das árvores. Ela estabeleceu também que, porcos, javalis, tigres, ouriços, e outros tipos de animais selvagens viveriam nas montanhas, que a família dos pássaros viveria nas florestas, e que se alimentariam dos frutos das árvores e de insetos. A família dos peixes só poderia viver na água, e na época em que as flores brancas se abrem, poderiam colocar ovos para aumentar sua espécie.

4.

Após dividir claramente o mundo dessa maneira, Amoyaobai chamou os Han para que ajudassem os Jino a criar uma escritura. Os Han escreveram os caracteres na pele de uma vaca e entregaram aos Jino, mas ao cruzar um rio a pele se molhou. Para consertar, eles colocaram a pele para secar no fogo, mas a tostaram demais e queimaram até se tornar uma pasta, onde os caracteres não podiam ser claramente distinguidos. Os Jino, pensando que se comessem os caracteres os guardariam em seu estômago, depois os recordariam em seu coração[47], comeram a pele da vaca. Contudo, depois de ter comido, eles não conseguiam recordar um só caractere, por isso eles não têm escritura.

---

[46] Já dissemos que até três séculos atrás, era uma mulher chefe invariavelmente.

[47] Uma crença não tão extravagante que vemos é compartilhada pela protagonista feminina do romance de Dai Sijie *Balzac y la joven costurera china*. Entre os Qiang, outro dos grupos étnicos da China, por ser a cabra a que come os livros, sua pele é usada para fazer tambores para recuperar a consciência perdida. Porém, esse uso ritual dos tambores pode ter mais a ver com suas práticas xamânicas.

5

Quando a vida da humanidade se tranquilizou, Amoyabai foi até a margem do rio Lancang (Mekong) e construiu com suas mãos todos os arrozais situados ao norte e ao sul da montanha Jino. Um dia, quando ela estava levantando duas montanhas para fazer arrozais, uns homens que a odiavam cavaram um buraco debaixo do seu poste, colocando uma faca afiada dentro dele. Seu poste se rompeu, e as duas montanhas ruíram. Os pedaços do poste quebrado caíram sobre o rio Lancang criando uma baia em forma de arco. Seu ombro também foi ferido pela faca, e o sangue escorria como se fosse um manancial.

Após sofrer essa ferida, a deusa convocou novamente todas as tribos, porém para esse último assunto, os Jino também chegaram tarde. Na verdade, eles não chegaram até o terceiro dia quando ela já havia terminado de dar suas instruções. Só lhe restava um último suspiro, que aproveitou para transmitir aos Jino o nome de cada animal e de cada planta, e para ensiná-los a amolar as facas com conchas queimadas de vermelho, o que as tornava mais resistentes. Quando terminou de contar-lhes isso, ela morreu.

Depois da sua morte, os Jino ficaram de luto durante treze dias, que com o tempo transformou-se no costume de "adorar o dragão". No dia de adorar o dragão ninguém pode sair da aldeia, não pode cantar nem dançar, rir nem discutir em voz alta. Pessoas estranhas tão pouco podem entrar na aldeia. Os que violam essa regra, não respeitam a nossa deusa Amoyaobai, estão violando nosso costume mais sagrado.

A origem das oferendas aos ancestrais. Uma lenda Jino.

Desde que Amoyaobai separou o céu da terra, gradualmente todas as coisas foram aparecendo. Naqueles tempos, os seres humanos viviam em harmonia com os animais e suas vidas transcorriam em paz e felicidade. Um ano, de repente, houve uma grande inundação que alagou seus cultivos e aldeias. Muitas pessoas se afogaram, bem com seus animais.

Naquele tempo, um casal de gêmeos que vivam com seus pais, eles eram chamados Mahei e Maniu. Quando viram que a inundação estava aumentando, e que a humanidade estava à beira da extinção, seus pais cortaram uma árvore grande, a esvaziaram e cobriram as extremidades com couro de vaca para transformá-la em uma grande canoa de madeira, no qual armazenaram grãos e sementes, amarrando nas suas pontas um cordão de sinos de bronze. Depois lhe entregaram uma faca e uma bola de cera, instruindo-lhes dessa forma: "Subam nessa canoa e escapem para salvar a vida. Lembrem, não saiam antes que a inundação se acabe. Vigiem o nível da água olhando através de um buraco que poderão fazer com a faca. Depois de olhar, tapem o buraco com a cera. Quando escutarem os sinos tocando é porque a canoa tocou na terra, e a água drenou-se. Então poderão romper a canoa e sair dela".

Mahei e Maniu, seguindo as instruções dos seus pais, subiram na canoa de madeira sendo levados para longe pela inundação. Passaram-se horas e horas e Mahei começou a sentir-se inquieto. Ele fez um pequeno buraco na canoa para olhar do lado de fora. Ondas de barro formavam-se em todas as direções. Pessoas, animais e pássaros, todos mortos boiando sobre as águas. Que visão horrível! Mahei fechou rapidamente o buraco com a cera. Assim ficaram flutuando dentro da grande canoa, sem ter uma ideia de quando tempo havia passado. Foi então que Maniu, sem poder esperar mais, fez também um pequeno buraco na canoa para olhar. Oh! Que extensão de água enorme. Via-se somente ondas e ondas. Em seguida, ela fechou o buraco com um pouco de cera. Assim, continuaram flutuando durante muito tempo, sem saber quantos dias haviam passado, até que, de repente, din din din, os sinos de bronze estavam tocando. Mahei e Maniu souberam que finalmente haviam chegado em terra firme e que a água havia desaparecido. Com pressa eles cortaram com sua faca o couro de uma das pontas e saíram.

Quando começaram a caminhar pela terra encontraram-se diante de uma tremenda desolação. As montanhas e os vales pareciam ermos, com barro e sal por todas as partes. Seus pais haviam desaparecido, e não havia nenhuma pessoa, nenhum animal, nem mesmo uma folha de árvore à vista. Eles gritaram até seus olhos ameaçarem saltar das suas órbitas. No entanto, eles eram as únicas pessoas que restaram no mundo e deveriam depender um do outro para sobreviver. Então, eles construíram um refúgio simples e prepararam a terra para plantar os grãos. A vida não era fácil.

Passaram-se muitos, muitos anos. Seus cabelos ficaram brancos. De repente, eles perceberam que haviam envelhecido. Só então eles pensaram que morreriam, e que não restaria ninguém mais na terra. O que poderiam fazer? Eles estavam realmente preocupados. Quando eram jovens, eles nunca haviam pensado na possibilidade de casarem-se porque eram irmãos. Mas agora, sabendo que não havia outra pessoa, eles compreenderam que para ter uma descendência, teriam que se casar.

Mahei disse à sua irmã: "Vamos nos casar".

Maniu sentiu-se envergonhada: "Como faríamos isso? Somos irmãos. Por um acaso, os irmão podem tornar-se marido e mulher?"

"Se não nos casarmos", disse Mahei, "Será o fim da humanidade".

Maniu ficou pensando por um tempo, depois disse: "Acho melhor consultarmos a árvore sagrada no cruzamento. Se a árvore disser que não, nós não podemos nos casar".

Mahei disse: "Por mim tudo bem. Vamos consultar a árvore sagrada". Assim que terminou de falar, ele pegou um atalho para chegar no cruzamento e escondido atrás da árvore, esperou a chegada da sua irmã. Pouco depois Maniu estava em frente a árvore e disse cheia de respeito: "Oh, Deus árvore, só restaram duas pessoas na terra, meu irmão e eu. Para evitar que a humanidade desapareça por completo, seria possível nós nos casarmos?

Passando-se pelo Deus da árvore, Mahei disse com voz estrondosa: "Você e seu irmão são as únicas pessoas em todo o mundo. Se não se casarem, a humanidade desaparecerá. Sem o casamento de vocês, não haverá mais pessoas. Então, vocês devem se casar". Depois ele voltou novamente pelo atalho. Quando sua irmã chegou, ele perguntou nervoso: "Consultou a árvore mágica?"

"Sim", disse Maniu.

"Bem, e o que lhe parece?"

Maniu lhe respondeu que o Deus da árvore aprovara seu casamento. Assim, o irmão e a irmã tornaram-se marido e mulher. Mas já eram muito velhos e não podiam ter filhos. Então, eles passaram muitos anos levando uma vida triste e solitária.

Acontece que, a única semente de abóbora que haviam tirado da canoa de madeira cresceu com grande exuberância. Seus galhos espalharam-se sobre sete montanhas, e suas folhas verdes cobriram sete vales. Todo tipo de abóboras, grandes e pequenas, penduradas em seus galhos. Estranhamente, essas abóboras secaram e apodreceram conforme os dias passavam, exceto por uma que cresceu e amadureceu, mostrando um ventre redondo e uma casca dura e amarela como o ouro. O casal de idosos colheu-a e pendurou-a no beiral da sua casa, com o objetivo de pegar suas sementes mais tarde.

Um dia, quando voltavam do trabalho no campo, achavam que tinham ouvido o som fraco de umas vozes. Mas, como podiam escutar vozes se eles eram as únicas pessoas que havia no mundo? No início, eles não acreditaram em seus ouvidos pensando que estavam escutando qualquer outra coisa. Porém, durante vários dias, cada vez que passavam debaixo do beiral, eles tinham a sensação de escutar pessoas falando suavemente. O casal de idosos procurou pela casa toda tentando descobrir de onde vinham as vozes. Procuraram e procuraram até que, no fim, perceberam que elas vinham da abóbora. Então, a colocaram no chão e esquentaram no fogo suas pinças pensando em fazer um buraco na sua casca para ver o que estava dentro. Mas quando aproximaram suas pinças na parte superior da abóbora, uma voz gritou: "Não me queime". Então, eles mudaram de posição e tentaram abri-la pelo fundo. Novamente escutaram uma voz: "Não me queime". Não importava como se aproximavam, se por cima ou por baixo, pela esquerda ou pela direita, sempre a mesma voz gritava: "Não me queime". Mahei e Manui não sabiam o que fazer. Sem saber como abrir a abóbora, eles ficaram olhando para ela perplexos. Então, escutou-se uma voz fraca e agradável de uma velha senhora que dizia: "Queime a mim! De outra forma, ninguém poderá sair".

"Quem é você? Onde posso queimá-la?", perguntou Mahei.

"Sou a avó Apierer. Que tal me queimar no umbigo?", disse a voz.

Virando a abóbora, Maniu encontrou um umbigo grande e preto. Enquanto as vozes dentro gritavam com alegria: "Vovó Apierer, quando estivermos livres, nunca a esqueceremos". Mahei seguiu as suas instruções e fez um buraco através do umbigo da abóbora. Assim que conseguiu fazer uma abertura, várias pessoas pularam para fora, um atrás da outra.

A primeira se chamava Apo. Como saiu primeiro, sua pele estava escurecida pela fuligem que ainda restava na entrada do buraco, por isso sua pele ficou escura. É o ancestral dos Kongge[48] que vivem hoje em dia em Xioamengyan.

O próximo a sair foi um Han. Assim que saiu da abóbora, ele andou por todos os lados. Essa é a razão pela qual os Han ocupam agora a maior parte da terra.

A terceira que saiu era um Dai. Assim que saiu, ela correu para um bananal. Essa é a razão pela qual a pele dos Dai permanece branca, porque eles raramente estão no sol.

A última que se apertou para sair da abóbora foi um Jino, porque "Ji" significa apertar-se e "no" significa o último. Como a terra já havia sido ocupada pelos seus irmãos que tinham saído antes e não tinham para onde ir, ela passou a viver com Mahei e Maniu em um lugar chamado Bienmuxi, na atual região de Youle.

Quando todo mundo saiu, a abóbora morreu e desapareceu.

Os Jino são os descendentes da avó Apierer. Ela deu a sua vida pra que as pessoas pudessem viver. Nossos ancestrais nunca se

---

[48] Um dos povos não reconhecidos da China. Vivem próximos aos Jino, em um conjunto de montanhas chamadas Konggeshan ao norte de Jinoshan. São somente 1.500 pessoas com uma pele claramente mais escura que o resto dos povos que vivem nessa área.

esqueceram da promessa que fizeram para ela. Cada vez que comiam o arroz de uma nova colheita, celebravam o Festival do Ano Novo ou outros festivais, matavam porcos, galinhas, vacas e cordeiros, trabalhavam nos campos, iam caçar nas montanhas ou sentavam-se ao redor da mesa para comer, sempre deixando de lado um punhado de arroz e algumas verduras, murmurando fervorosos: "Vovó Apierer. Por favor, volte. Por favor, volte!". Após chamá-la assim, eles convidam outros ancestrais que já se foram para regressar. Isso significa que, primeiro se dá de comer aos ancestrais, sendo seguido depois por seus descendentes vivos.

Esse costume foi transmitido de geração em geração. Ainda que nos últimos anos cada vez menos oferendas tenham sido feitas para a avó Apierer, ainda assim, quando voltamos para a casa no final de um dia de trabalho, e nos reunimos ao redor do fogo para falar sobre o passado e o presente, ou quando abrimos a boca para cantar a alegria dos nossos corações, nunca esquecemos de convidar ao nosso ancestral mais respeitado, a avó Apierer, para vir compartilhar da nossa felicidade.

A mãe Taporang, criadora da humanidade entre os Hani.

Dizem que quando o céu e a terra se separaram, abaixo do céu só havia uma pessoa: a mãe Taporang. Como ela transformou-se em uma pessoa? Foi o Deus do Céu quem a enviou para a terra. Taporang, após chegar na terra viveu sozinha dentro de uma caverna alimentando-se dos frutos silvestres que colhia na floresta. Quando ela falava, somente os animais a compreendiam.

Um dia quando Taporang voltava da montanha, ao passar pela floresta sentiu-se muito cansada, então ela deitou-se para tirar uma soneca apoiada na raiz de uma árvore. Enquanto ela estava dormindo, teve a sensação de que um vento forte soprava no seu corpo. Ao despertar, ela sentiu um frio intenso dos pés até a cabeça. A partir de então, sua barriga foi crescendo cada dia mais. No início ela pensou que era porque tinha comido muito, mas mesmo diminuindo a quantidade de comida sua barriga continuava crescendo mais e mais a cada dia. Então ela teve medo, pensou que seria outro deus que queria fazer um filho com ela. Preocupada pedia perdão ao céu de manhã até a noite.

Passados sete meses, Taporang não queria reconhecer que aquilo que tinha na sua barriga se movia. Um braço, uma perna, a ponta do pé, a ponta de um dedo, tudo podia se mover. Passados nove meses, em uma noite ela sentiu uma forte dor em todo o corpo. Ao abrir os olhos, ela percebeu que na barriga, nas pernas, nos braços, na ponta do pé e até na ponta dos dedos, uma multidão de pequenas coisas se amontoavam juntas. Assustada, sem saber o que era isso, seu corpo tremeu derrubando no chão essas pequenas coisas, as quais, depois de um tempo transformaram-se em tigres, javalis, cobras e outros animais. Taporang ficou olhando para eles agitando a mão assustada. Os animais recém nascidos, ao vê-la mexer as mãos, pensaram que ela os estava assustando e fugiram correndo.

Quando Taporang recuperou sua coragem, pensou que sua barriga continuava um pouco grande, mas ao lembrar das estranhas criaturas que acabara de parir, não sabia o que fazer. Antes de clarear o dia, o único que restava dentro da sua barriga também saiu. Dessa vez ela não sentiu nenhuma dor. Quando abriu os olhos, ela sentiu-se muito feliz. Da sua barriga havia saído umas coisas bem bonitas: com duas pernas pequenas que os mantinham erguidos, duas mãos pequenas enfiadas na boca e um par de olhos brilhantes que não paravam de olhá-la. Taporang começou a contar, no total havia 77 bebês. Pensando em alimentá-los, ela mesma os pegou em seu colo. Para distingui-los claramente, ela lhes deu um nome, assim, chamou um de Hani, outro Yi, Dai, Bai, Han, etc.

Ema, deusa dos Hani

De acordo com a mitologia dos Hani, no passado só havia uma deusa sobre o céu, chamada Ema. Como estava sozinha na vastidão do espaço ilimitado, ela achava que a vida era muito triste, e então, pensou em criar outros seres. Mas, como também era muito inteligente, sabia que, se de repente, criasse um monte de deuses, eles estariam por todas as partes e acabariam com sua vida tranquila, então ela inicialmente criou somente duas mulheres: Mabai e Yanying. A primeira era encarregada das regras, e a segunda das cerimônias. Uma vez que foram estabelecidas no céu as regras e as cerimônias, Ema pensou que podia continuar com a sua criação. Então criou o Rei dos 10.000 deuses, Apimeiyan[49], de onde surge a genealogia dos deuses.

Ema é também a antepassada da humanidade, e as genealogias de todas as famílias se remontam até chegar nela. Ela deu origem a Mawo, que foi a primeira pessoa no mundo. A terceira geração, ou seja, o filho de Mawo chamado Wojue, foi o primeiro a se mudar para a terra. Até a décima primeira geração houve pessoas, deuses e demônios. A partir de então, a descendência desses três tipos de seres é separada. Da geração 14, 15 e 16 apenas lembram-se das mulheres. A deusa da geração 16 foi Meiyan, que não é apenas a mãe de todas as pessoas, mas também de todos os animais.

Desde então, as pessoas e os animais se separaram.

---

[49] Em outros mitos, como a "Criação do céu e da terra", incluído o "Contos da mitologia chinesa", Apomiyan é a grande deusa celestial. Ela "enviou o deus Capoelan para criar o céu, que o fez com o sol, a lua e todos os elementos que possui. Para que o céu não ficasse vazio criou a terra, mas como foi interrompida antes de acabar para organizar o funeral de seu pai, surgiram rios e montanhas. Para criar a humanidade ela enviou Tapo à terra, que de repente, engravidou em diferentes partes do seu corpo, surgindo dessas muitas gravidezes diferentes animais, e da sua barriga as primeiras 700 pessoas, que a princípio viviam com os animais que se devoravam uns aos outros". (Tapo deve ser a mesma Taporang do mito anterior).

A lenda da criação do mundo dos Ewenki

Segundo as lendas, no lugar onde o sol nasce havia uma velhinha de cabelo branco, com peitos muito, muito grandes. Era a xamã que no início dos tempos alimentava todos os seres. Os homens e mulheres fracos também tomavam seu leite até crescerem. Graças a ela as pessoas tiveram um corpo de carne. A Ursa Maior no céu deu a cada pessoa uma alma, e a Estrela Polar lhes concedeu longevidade. Sem dúvida, é por essa razão que entre seus descendentes, os Ewenki, ficou o costume de sacrificar animais para honrar a Ursa Maior.

Pouco depois do aparecimento das pessoas no mundo, houve um grande ruído e o céu se fundiu formando um grande buraco na terra. Dessa catástrofe mundial só sobreviveram um homem e uma mulher que tiveram filhos e filhas e deram lugar às gerações posteriores.

No mundo, além das pessoas, também viviam o Deus do Vento que dominava os ventos e o da Chuva que regulava as chuvas. O trovão e o relâmpago também tinham deuses que os governavam. Os anciãos dizem que houve um dia em que a mão de uma avó trouxe uma grande pá, e bastava agitá-la para que o vento soprasse sobre a terra. Se a lua e Marte se encontrassem cara a cara, essa velhinha agitava sua pá e surgia um vento muito forte.

No segundo mês de cada ano do calendário dos pastores, uma vez que a lua e Marte se elevam no céu bem próximas, todo o mundo sabe que grandes ventos virão. Nessa época, os texugos, que normalmente passam a vida dormindo escondidos dentro das cavernas, correm para fora com pânico. Ao vê-lo, os Ewenki sabem que o deus que controla os grandes ventos irá descer.

No céu também há um ancião que segura um tambor, e basta que o toque para que, da metade do céu surja um trovão com um ruído ensurdecedor.

Os anciãos dizem que a chuva é a água que se derrama do corpo do dragão, porque cada escama do seu corpo produz 50 toneladas de água. Essas escamas são tão numerosas que quando começam a derramar água, a neblina se extingue na terra e caí uma chuva violenta.

A origem dos ramos dos Deang[50]

As mulheres Deang são as filhas da Donzela Dragão, que deixou de herança apenas nossas roupas, cachecóis e cintos.

A lenda da Donzela Dragão conta que no passado, quando ainda não existia a humanidade, um pássaro que voava no céu chegou um dia em uma caverna na montanha onde um jovem dragão descansava. Quando o pássaro tentou pegar o dragão, esse transformou-se em uma linda garota vestida com roupas coloridas. O pássaro, por sua vez, transformou-se em um bonito jovem. Eles se apaixonaram, se casaram e tiveram muitos filhos: os antepassados dos Deang.

Depois, o pai voltou a transformar-se em um pássaro e voou deixando a mãe sozinha com os filhos. Quando eles cresceram, lhes perguntaram: "Quem é o nosso pai?". Sem saber o que responder, a mãe disse: "Saiam para fora da caverna e olhem para o céu, lá está o pai de vocês". Obedecendo suas ordens, eles saíram da caverna e olharam para o céu. A primeira coisa que viram foi o sol, e então, acreditaram que o sol era seu pai.

Entre os descendentes da Donzela Dragão, o mais velho se chamava Liang, que vivia no alto da montanha. O segundo Bielie, vivia na encosta, e o terceiro, Rumai vivia no pé da montanha. A mãe após recuperar sua forma original, voltou a sua caverna no alto da montanha. Na manhã seguinte, quando o sol nasceu, ela saiu da caverna e o filho mais velho, ao vê-la, viu seu aspecto brilhante e resplandecente. "Ah, então minha mãe é assim". E seus descendentes teceram roupas brilhantes e coloridas, são os Deang Floridos.

Ao meio-dia, quando o sol estava bem acima dela, a mãe dragão estava na encosta da montanha. Lá o segundo filho a viu, como uma chama vermelha e pensou: "Minha mãe é assim". E desde então seus descendentes tecem roupas vermelhas. São os Deang Vermelhos.

Ao entardecer, a mãe dragão estava no pé da montanha, os últimos raios de sol iluminavam suas costas, dando-lhe um tom escuro. O filho mais novo a viu e então pensou: "Ah, minha mãe é

---

[50] Lenda da aldeia Guangka em Menxiu, no nordeste de Ruili.

assim". E desde então as mulheres fizeram seus vestidos na cor preta, ainda que haja uma listra vertical vermelha escura, que simboliza os últimos raios de sol sobre o corpo da sua mãe. E os seus descendentes se chamam Deang Negros.

A Deusa do Céu cria o mundo. Um mito Uygur.[51]

Há muito, muito tempo atrás no universo não existia nem o sol nem a lua, nem a terra nem as estrelas, nem, é claro, havia ainda seres humanos. Não existia absolutamente nada, exceto a vastidão do céu e nele havia uma deusa, de forma mais ou menos humana, mas de um tamanho descomunal que passava suas horas dormindo em uma paz eterna.

Se ela despertasse e esticasse seu corpo, enchia todo o universo, se esticasse seus braços alcançava todos os lugares, quando abria seus olhos, lhe fornecia a luz, e quando roncava lhe fazia tremer com o som do trovão. Um dia ela acordou, e com seu movimento criou uma comoção no mundo. Sentindo-se solitária inspirou um pouco de ar, trazendo para sua barriga a poeira que enchia o vazio do universo. Pouco depois, com grande esforço ela vomitou, e pela sua boca saiu o sol para voar até o céu. Ela vomitou novamente e saiu a lua, que igualmente voou para ocupar o seu lugar. Da sua boca nasceram também as estrelas.

Um novo vômito deu origem à terra, que começou a cair do céu, mas como a terra era muito grande e pesada, ela caia muito depressa e a deusa temia que ela se distanciasse tanto do que céu que depois não pudesse encontrá-la. Para deter a sua queda e estabilizá-la, ela trouxe um boi preto enorme e colocou a terra sobre seu chifre. Mas o grande boi começou a brincar passando a terra de um chifre para outro, e cada vez que fazia isso ela tremia produzindo um terremoto. Para fixar a terra, a grande deusa pegou algumas montanhas altas, que usou como pregos, e desde então a terra ficou fixa sobre os chifres do grande boi[52].

---

[51] A respeito desse mito, Dai Peili (Investigación sobre las creencias de pueblos de lenguas turcas) aponta: "A Deusa do Céu é evidentemente uma divindade feminina. O que nos mostra que esse mito da criação do mundo é original. Acreditamos que o mito acompanha a história. Onde há um tipo de vida social, surge um tipo de mito determinado".

[52] Outras versões dizem que ela enviou uma tartaruga para ficar embaixo do boi, e assim a terra se estabilizou.

Como esses seres eram tão diferentes, a Deusa do Céu não podia comunicar-se com ele, e continuava entediada. Então, ela inspirou novamente toda a poeira do universo e a guardou dentro de si, vomitando umas bolas pequenas de barro que se transformaram em pessoas, mas não podiam nem se mover nem falar. Para repará-los, vomitou outras bolas de barro que se transformaram em insetos e picaram as pessoas forçando-as a moverem-se e a comer. Como ainda não podiam falar, ela mesma lhes soprou a boca, e então, puderam falar, rir, cantar e dançar. Porém, ainda eram muito pequenas pro seu gosto, e foi esticando-as uma a uma até que alcançaram o tamanho adequado; separou-as em homens e mulheres para que pudessem se reproduzir, e deixou que se espalhassem por todos os lugares, e estando juntas, elas deram lugar às gerações posteriores. Através de um sopro lhes transmitiu a razão, transformando-as nos seres mais inteligentes, capazes e poderosos na terra.

Mais tarde, a Deusa do Céu criou os animais selvagens e os domésticos; os rios e os lagos. Mas, como não havia criado coisas que comessem os insetos, esses transformaram-se em ogros e diabos, atuando sempre como inimigos das pessoas.

Maider cria o céu e a terra. Mito dos mongóis Oiratos

Há muito, muito tempo atrás, o céu ia se formar, a terra ia surgir, a humanidade ia renascer, os cavalos iam aparecer, para todas as coisas ia chegar a hora de se espalhar. O universo vivia uma atividade dolorosa, sofrendo um desastre atrás do outro, porque a inundação torrencial havia coberto o céu e tapado a terra, acabando com toda a vida no universo.

Não se sabe quanto tempo se passou até que a deusa Maider, montada em um cavalo branco celestial, chegou para inspecionar. Diante dos seus olhos só o céu azul acima das águas, e o cume do monte Xumibao eram distinguidos. Esse era o monte mais alto do mundo, e era considerado a escada para subir ao céu. Na verdade, seu pico estava cravado no céu e não se via a sua inclinação em meio as névoas azuis. Maider descobriu que no cume desse monte havia uma caverna onde viviam um tipo de pessoas que tinham a altura dos esquilos, e seus cavalos tinham a altura dos coelhos. Seus filhos cresciam muito depressa, e se nascessem pela manhã, pela noite já podiam montar a cavalo, receber e entregar o fogo de um lado a outro da caverna.

A deusa Maider montada em seu cavalo branco celestial galopou até as águas azuis. Quando as patas do cavalo tocavam a superfície da água, soltavam faíscas que deslumbravam os olhos. A fuligem transformou-se em cinza, espalhando-se pela superfície da água, que se tornou cada vez mais espessa, formando gradualmente uma grande terra sem limite ou fim. A terra pressionou a água que desceu, e o céu e a terra gradualmente foram se separando.

Quando a terra se formou, era como uma enorme mesa plana, que boiava sem estabilidade sobre a água, movendo-se com frequência. Então, a deusa Maider enviou uma grande tartaruga celestial para baixar as águas, e usou seu casco para estabilizar a terra sem deixá-la sair do seu lugar. Às vezes a tartaruga está muito cansada e estica um pouco a cintura ou a pata, então, ocorrem os terremotos.

O cavalo da deusa Maider, ao pisar, começou um grande fogo que queimou a água azul evaporando-a sem parar. Esse vapor de água flutuou de um lado para outro entre o céu e a terra, transformando-se nas nuvens. As faíscas que o cavalo produziu ao pisar na água saíram voando, transformando-se nas estrelas.

A deusa Maider teve pena dessas pequenas pessoas que viviam no monte Xumibao, por isso enviou o Deus Sol, e a Deusa Lua para iluminá-los. O Deus Sol, lhes enviava luz vermelha e calor durante o dia; a Deusa Lua lhes enviava luz branca durante a noite. Seguindo o caminho que Maider lhes indicou, eles dão uma volta ao redor na montanha todos os dias, sem nunca se encontrarem. Quando o Deus Sol chega na parte de trás da montanha, então é noite; quando está na parte da frente, então é dia[53].

A deusa Maider encarnou em uma pessoa que desce três vezes ao ano para inspecionar o mundo: Em quinze de janeiro, em quinze de abril e em quinze de julho. Dias em que os mongóis Oiratos fazem festas para celebrar a sua chegada, matando vacas e cabras, lhe oferecendo como sacrifício.

---

[53] Uma grande semelhança com a geografia mítica budista, conhecida pelos mongóis através dos tibetanos, que consideram que o sol e a lua dão volta em torno do monte Sumeru, o centro da terra.

Fragmentos de "A guerra do paraíso". Um mito Manchú

Em um passado muito, muito antigo, o céu e a terra não haviam se separado, o mundo tinha a forma de uma bolha de água, dentro da qual nasceu a deusa Abukahehe. No início, a deusa era tão pequena quanto uma bomba d'água, mas foi crescendo cada vez mais até cobrir todos os lugares onde havia água. Quando era pequena parecia uma pérola, mas quando ela cresceu cobria todo o universo. Ela transformou-se em céu, onde seu corpo leve flutuava. Seu corpo pesado, ao contrário, se fundia até as profundezas da água, por isso ela estava em todos os lugares, estendia-se por todas as partes. Seu corpo era invisível, apenas quando era pequena como uma pérola é que ela emitia um brilho celestial. Do ar podia criar todas as coisas, da luz podia criar todos os seres, do seu corpo podia criar o mundo inteiro. A parte inferior do seu corpo separou-se surgindo a Deusa da Terra Banamuhehe, da parte superior surgiu a Deusa do Céu Woleduhehe. Sem descansar ela fez surgir o céu e a terra. A Deusa da Terra criou as fontes e os vales, a Deusa do Céu criou com seus olhos o sol, a lua e as sete estrelas. As três deusas criavam sem parar até dar origem a tudo quanto existe.

As duas deusas Abukahehe e Woleduhehe criaram a humanidade. A princípio, tudo o que criaram foram as mulheres, por isso as mulheres têm um coração bondoso, mas um caráter forte. Abukahehe, ao ver que na terra tudo eram mulheres, arrancou um pedaço de carne do seu corpo para criar a deusa Aoqin, que dispondo de nove cabeças e oito braços, se encarregaria de atender à deusa Banamuhehe. Depois, as três deusas uniram-se para criar o homem. Elas sentiam-se tão animadas por criá-lo que, impacientemente, pegaram uma costela e um pelo na axila, que misturaram com a carne misericordiosa e com a carne ardente até criá-lo, por isso o homem é mais feroz e bondoso do que as mulheres. Seu corpo também é maior porque foi feito com osso, e sua pele tem mais pelo, porque foi feita com pelo. Como o homem surgiu de uma costela sobre a qual a deusa se encostava, seu corpo é mais sujo do que o das mulheres[54]. Por último, Banmuhehe pegou o pênis de um urso que estava ao seu lado, e deu às suas irmãs para que o colocasse abaixo do quadril do homem, por isso o órgão sexual do homem se parece com o de um urso em tamanho e forma.

A deusa de nove cabeças Aoqin estudou a inteligência e as habilidades de todos os animais. Sempre importunando a Banamuhehe, ela foi praticando até obter grandes poderes. Como não lhe parecia interessante a tarefa de sempre cuidar da Banamuhehe, um dia, ela irritada soltou um grande grunhido. A deusa, que já estava cansada de Aoqin, pegou duas montanhas grandes do seu corpo, transformando uma em um chifre e a outra em um pênis, que pôs respectivamente sobre sua cabeça e sua barriga, o que, transformou-a em uma deusa de nova cabeças, oito braços, dois sexos e um chifre. Com seu chifre ela podia romper a esfera celestial e ferir Banamuhehe na barriga. Aoqin deu à luz a diversos espíritos malvados como ela, e ao invencível diabo de nove cabeças Yeluli. Com seu temperamento forte ela pode fazer com que o ar abra o céu, a luz entre no sol e enfie seu chifre na terra, por isso ela já não temia as três irmãs e dedicou-se a maltratá-las.[55]

Desde que surgiu o demônio Yeluli, não houve mais tranquilidade no paraíso. Yeluli usou todos seus poderes mágicos para ultrajar as três deusas do céu, que foram aprisionadas pelo deus Fudejinli. Mas, suas maldades não tinham fim, ele saiu às escondidas na noite escura e lançou um vento negro e águas envenenadas com sua boca, inundando a terra e o céu. Abukahehe subiu ao céu a sua procura, onde foi informada pelo Deus do Céu do lugar por onde ele havia escapado. Mas já era tarde demais, porque nesse momento Yeluli capturou a Deusa da Estrela do rato, liberando a Deusa Águia que subiu aos céus para encontrar-se com Abukahehe. E, além disso, ele arrancou o avental de guerra que a deusa usava, que foi costurado com nove montanhas de pedra, nove florestas de salgueiros, nove

---

[54] Esse não é um conceito novo na China, no famoso romance *El Sueño del Pabellón Rojo* repete-se várias vezes que as mulheres são claras como a água, e os homens sujos como o barro. (Wei Hua comunicação pessoal).

[55] A partir de agora o longo poema se transforma em uma luta entre o bem e o mal, representados respectivamente pelas divindades femininas e as masculinas.

riachos e nove ossos de animais. Abukahehe, ao perder o avental de guerra que lhe protegia, pensou que o melhor seria fugir, mas estava tão cansada que sem conseguir sustentar-se, desmaiou no rio de reflexos dourados que corre junto ao sol.

Junto ao rio havia uma árvore mágica muito alta, sobre a qual vivia um pássaro sagrado de nove cores chamado Kunzhile. Quando ele viu que Abukahehe havia desmaiado na margem do rio, arrancou suas penas para pressionar suas feridas, lavando-as depois com água do rio, e ainda usou as penas de nove cores para fazer-lhe um avental de guerra provisório que protegeria a sua cintura. Suas feridas logo se curaram, e gradualmente sentiu-se revivendo. Sua irmã Banamuhehe, ao ver que ela havia perdido seu precioso avental de guerra, ordenou aos tigres, leopardos, ursos, corvos, serpentes, cobras, javalis, lagartixas, águias, abutres, aos peixes dos rios e mares e a todos os tipos de insetos que viviam no seu corpo, que entregassem sua alma, fazendo com que o espírito de cada animal e de cada pássaro doasse seu poder mágico[56] para ajudar Abukahehe. Também pediu a cada um desses animais que tirassem um osso da alma do seu próprio corpo. Dessa forma, o pássaro sagrado Kunzhile costurou com penas coloridas um novo avental de guerra para proteger a cintura de Abukahehe. Quando ela o vestiu, o céu tingiu-se da cor que vemos agora. Então, com a força invencível de todo o mundo, as três irmãs, com a ajuda dos pássaros e dos animais sagrados desceram e derrotaram o demônio de nove cabeças Yeluli.

Passaram-se milhares de anos. A humanidade desses tempos primórdios chamava a Abukahehe de grande deusa Abukaenduli. Os deuses gostam de dormir tranquilamente no nono nível das nuvens celestiais. Suas exalações são as nuvens, o fogo que emitem transforma-se em estrelas. Por isso que, no norte sempre estão os rios gelados e as terras cobertas, e se estende sem limite um mar de neve onde nenhum animal pode viver. Banamuhehe ao ver essa situação, ensinou a humanidade a construir cavernas na terra para viver.

---

[56] Um conceito clássico do xamanismo é a capacidade para convocar a ajuda dos animais em benefício do xamã.

Não se sabe como, diante de Abukaenduli saiu um grão vermelho que ao cair transformou-se em uma bela mulher chamada Qiqidan. Onde ela pisava, o fogo queimava as nuvens, seu corpo era da cor das nuvens vermelhas e das estrelas. Ela casou-se com o Deus do Trovão, mas o Deus do Vento pensando que tinha descendência com ela, a raptou levando-a para a terra.

Qiqidan, ao ver o que gelo cobria toda a terra, e seus descendentes não teriam como viver lá, roubou o fogo sagrado do coração de Abukaenduli. Como ela temia que esse fogo se apagasse, protegeu-o com seu corpo colocando-o junto ao seu ventre e começou a andar em quatro patas para poder caminhar mais depressa e voltar à terra o quanto antes. Dessa forma, por onde ela passava ia queimando tudo, e no tempo que levou para descer o fogo sagrado à terra, queimou o olho e a orelha do tigre, a cabeça e as barbas do leopardo, o corpo do texugo, as garras da águia, e o rabo da lince. Isso tudo formou um animal que se transformou no grande deus Sheyalaha. Quando ela passou pelas nuvens, ainda andando em quatro patas, o fogo que estava protegido em seu ventre abriu uma grande fenda que, pela primeira vez, permitiu ao sol atravessar a camada de nuvens, derretendo a neve e acabando com a geleira. A luz iluminou as montanhas. Levando à terra e à humanidade a semente do fogo, permitindo-lhes desfrutar da primavera.

O grande deus Sheyalaha também chegou na terra, mas como ela havia se casado antes com o Deus do Trovão, ele andava de um lado a outro procurando-a. Cada vez que há um trovão no céu, é o temperamento feroz do Deus do Trovão reclamando sua mulher ao Deus do Vento.

Oração à Deusa do Arroz dos Wa

Te veneramos Deusa do Arroz
Te veneramos mãe do grão.
Te oferecemos um novo amigo.[57]
É a pessoa mais bondosa.
Tem a alma mais honrada.
É o mais forte entre os homens.
É a mais doce das mulheres.
É o nosso rei.[58]
Ela é a nossa rainha.

Aumentará a nossa força.
Consolidará a tua descendência.
Ei, ei, ei
Te oferecemos a sua alma! Te oferecemos a sua cabeça![59]
Que o arroz seja bom! Que o arroz seja bom!

[57] Refere-se à cabeça humana recém obtida

[58] O ritual de sacrifício do rei depois de um ano de reinado, representado de forma simbólica nas festas de Ano Novo, é um motivo mítico espalhado por todo o mundo.

[59] Na tradução em que me baseio se repete "Te oferecemos a sua alma, te oferecemos a sua alma", mas o tradutor do idioma wa para o chinês assegura que "te oferecemos a sua alma" é o mesmo que "te oferecemos a sua cabeça" para os Wa. E evitamos a repetição.

Criação do céu e da terra entre os Miao[60]

No passado não existia o céu e a terra. Quem criou o céu e a terra? A deusa Doubaodouhu criou o céu e a terra. Fazendo um grande esforço mental ela conseguiu desenhar um plano.

Havia um grande bambu que Duobaodouhu cortou durante três anos, até finalizá-lo; descascou-o durante três primaveras até finalizá-lo. Com as finas tiras de bambu verde foi tecendo o céu, com as finas tiras de bambu branco teceu a terra. Ela teceu durante três anos até tecer o céu; ainda levou outros três anos até tecer a terra[61]. Então, atirou a terra na água que se moveu conforme a correnteza até que um vento afundou-a como o tofu[62] quando é pressionado. Assim, os quatro cantos do céu foram erguidos com quatro colunas de prata. E os quatro cantos da terra foram erguidos com quatro colunas de ouro. Dessa forma que o céu foi fixado, e dessa forma que a terra foi criada.

A deusa pensou e repensou em uma forma de criar a humanidade. Pensou em fazer os ossos com ferro, e com o osso fazer a carne para que as pessoas não morressem em mil anos. Nem em dez mil anos pudessem morrer. Mas depois pensou: "Nesse mundo temo que não haja lugar para tantos". Assim, ficou pensando nisso, e antes de decidir-se enviou um passarinho para inspecionar o mundo. O rabo do passarinho era grande e suas asas largas. Ele inspecionou a terra durante um mês, depois voltou informando: "Não ache que esse mundo é tão grande, no futuro eles não caberão lá".

A deusa não se convenceu, por isso enviou o cuco para investigar. O cuco recorreu o mundo durante 13 anos, sem conhecer bem um dos seus cantos, quando voltou informou: "Na verdade, esse mundo não tem nem limite nem fim".

Então, a deusa pensou em fazer os ossos das pessoas com madeira, e com terra a sua carne.

No céu estava Jiaolunongfu, o Deus do Céu, e na terra Mailunongfu, a Deusa da Terra.

Mailunongfu disse: "Pode-se fazer com carne ou não?"

---

[60] Os chamados Meu por si mesmos. Qingmiao ou Jianjian Miao por seus vizinhos.
[61] A mãe tecedora do destino da humanidade.
[62] Um tipo de requeijão feito com leite de soja fermentada.

Doubaodouhu, vendo que havia encontrado uma solução, lhe respondeu sorrindo: "Quando chegar a hora, eu lhe devolverei".

A Deusa da Terra perguntou: "Como me devolverá?"

Doubaodouhu lhe disse: "Deixando com que as pessoas tenham filhos e netos, deixando-os viver cem anos, e serem felizes entre irmãos. Madai ensinara a seus descendentes a devolvê-lo felizes e contentes. E, além disso, cavarão um buraco na terra onde construirão as tumbas com um montinho para que as gerações posteriores saibam quem foram seus antepassados". [63]

---

[63] A deusa dá a vida que volta a ela através da morte.

A deusa Shatianba cria o mundo dos Dong.

No passado o mundo era vasto e escuro, uma massa caótica sem forma nem contorno. O céu e a terra estavam colados, rodeados por um mundo frio onde não existia a luz nem o calor. Não se podia distinguir o centro dos extremos, nem se podia determinar a posição das coisas. Ninguém sabia a altura do céu e da terra, ninguém sabia a sua distância, ninguém conhecia a sua forma.

No céu não havia ventos nem nuvens, trovões nem chuva; também não estava o sol de luz brilhante. Sobre a terra não havia rios nem riachos, não havia campos, aldeias nem lagoas. Sobre o céu não havia estrelas nem arco-íris, nem tão pouco estava a lua brilhante. Sobre a terra não havia lagos nem oceanos, não havia planícies, vales e montanhas.

O céu e a terra estavam unidos nesse caos sem forma, em meio a um frio que estendia por todos os lugares. Céu e terra estavam unidas como um só, enquanto, que a neve se estendia por qualquer lugar. O céu gelado tapava a terra nevada. Nenhum ser podia viver. A terra nevada unia-se ao céu gelado não deixando que nada crescesse.

Ninguém pode contar com detalhe como finalmente surgiram o céu e a terra. Somente sabemos que houve uma deusa Shatianba[64], que de acordo com as lendas, é a mãe do céu e da terra. Ela criou a terra e a chamou de "Didi"[65], depois criou o céu e o chamou de Wumen[66], o de cima. A terra é o berço da mãe, enquanto, que os deuses nascem no céu. Shatianba é sábia e forte como ninguém, é a mãe das mil mães, a rainha dos mil reis. Ela vivia na borda superior do céu governando a multidão de deuses. Sua bondade é firme e clara, setenta e dois deuses a elegeram como sua rainha.

Shatianba tinha quatro mãos que podia separar milhares de metros. Também tinha quatro pés que superavam todos os

---

[64] Significa "A mãe criadora das mil mulheres".

[65] Didi no idioma dong significa "filho da deusa mãe". N do T do dong ao chinês.

[66] "Wumen. Em dong significa "céu". De acordo com as lendas dong, Shatianba criou o céu com seu peito direito e a terra com seu peito esquerdo. Por isso, o lado direito é dos homens, o esquerdo das mulheres". N. do T. ao chinês. Essa divisão de direita para o homem e esquerda para as mulheres é uma constante na mitologia chinesa.

obstáculos em seu caminho. Seus olhos tinham mil pérolas, quando ela olhava em uma direção podia iluminar um milhão de lugares.

A onipotente Shatianba vivia sozinha em seu palácio no céu, recortado com paredes de jade branco. A onipotente Shatianba vivia no seu palácio frio no céu, de onde uma rede de fios de prata se estendia por toda parte.

Inicialmente foi criado o céu, de onde desceram os dez mil seres.

Mas como é que não havia som?

No início, a terra foi criada para ser um berço.

Mas como não se ouvia nenhuma canção?

Shantiaba pensava e repensava, Shatianba refletia seriamente.

Por fim, ela decidiu transformar o céu e a terra.

Então, todos os deuses foram convocados ao grande salão do palácio de jade, e foram levados a flutuar pelo céu, sem distinção de sentidos ou direção, para vigiar as fronteiras do céu sem distinguir claramente acima ou abaixo, sombra ou luz. Ela queria ver a forma do céu e da terra, então tirou um pouco da sua camada, tirou até ver um raio de luz em meio a escuridão que atravessou mil camadas de neve congelada. Então, viu claramente o céu acima e a terra abaixo.

Inicialmente a terra era um grande pedaço quadrado, enquanto, que o céu era uma grande cortina quadrada. Essa grande cortina do céu cobria uma terra morta onde a neve espessa congelava-se sobre a sua superfície.

Se não havia água, terra, barro nem areia, como surgiriam os mil seres? Se não havia nenhum alimento, como eles iriam crescer? Não havendo luz nem calor, como haveria sons de alegria?

A bondosa Shatianba queria criar o céu e a terra, a deusa teimosa convocou novamente todos os deuses: "Quero mudar a aparência do céu e da terra. Não é bom que o céu seja como uma cortina quadrada, quero que seja como um teto redondo. Também não é bom que a terra seja como uma peça quadrada, quero que tenha a forma das nossas saias enrugadas. No céu quero que haja vento e nuvens. Na terra quero que haja rios e lagos. No céu desejo que haja sol, lua e estrelas. Na terra que haja pastos e montanhas. Além disso, quero que o teto do céu tenha desde a terra 488000 lis[67], para caibam todos os seres vivos nesse espaço vazio que ficará sobre a terra. Aquele que puder me ajudar a criar tal céu, será nomeado General das Vanguardas do Reparo do Céu. Aquele que puder me ajudar a moldar a terra que eu anseio, será nomeado Rei das Vanguardas da Criação da Terra".

Ao lado de Shatianba colocaram-se dois fortes cavalheiros de atitude imponente:

O corpo de Jiangfu tinha a altura de oito zhang[68], o peito de Mawang tinha oito chi[69] de largura.

Jiangfu deu um pulo a frente esperando instruções, e com uma voz tão retumbante como um sino mágico disse: "Por favor, deixe-me encarregar da reparação o céu; não é uma tarefa que me pareça difícil, posso mudar a forma do céu, e posso separar o céu e a terra para que todos os seres possam crescer".

Mawang, por sua vez, deu um pulo ao seu lado oferecendo seus serviços, e enquanto movia braços e pernas em uma dança, disse: "Tenho uma enxada e um machado mágico, consertar a terra não é uma tarefa difícil para mim. Posso fazer rios e lagos, posso construir vales e montanhas, por favor dê a Mawang a tarefa de administrar a terra".

Shatianba ao ouvi-los se sentiu muito feliz. Jiangfu reparou o céu, e Shatianba o nomeou deus que repara o céu. Mawang consertou a terra, e Shatianba o nomeou rei que governa a terra. Pedindo aos outros deuses que os encorajassem, seu clamor chegou até o céu.

---

[67] Um li é aproximadamente meio quilômetro.
[68] Medida de longitude, equivalente a 3,3 metros.
[69] Medida de longitude, equivalente a 33 cm.

Nuwa cria a espécie humana. Um mito chinês

No início dos tempos, sobre a terra só existia a deusa Nuwa. Ainda não existiam os animais, nem é claro, as pessoas.

Sentindo-se muito sozinha nesse vasto espaço, Nuwa criou no primeiro dia as galinhas; no segundo os cães, no terceiro as ovelhas; no quarto os porcos, no quinto dia as vacas, e no sexto os cavalos e no sétimo criou a humanidade usando argila amarela.

Primeiro ela foi modelando cada pessoa com as suas mãos, mas ao ver que, dessa forma, a criação era muito lenta, pegou uma corda e colocou na argila, sacudindo-a depois Cada um dos fragmentos de barro que saiu da corda se transformou em uma pessoa.

Capítulo 2.

A deusa civilizadora

A deusa da Caça dos Nu

Houve uma ocasião em que um jovem saiu para caçar. Começou a entardecer e ele ainda não havia caçado nada. Sem tempo de voltar para a sua aldeia, ele preparou-se para pernoitar em uma caverna, colocando uma armadilha em uma colina próxima. Pouco tempo depois ele viu que um veado caiu na armadilha. Ele foi feliz para pegar a sua presa, mas quando chegou não havia nada. Pensou espantado que tinha sido a sombra de algumas folhas, e então, voltou para a sua caverna.

Na manhã seguinte pôs-se novamente à espera da captura de algum animal. Quando ele viu que um cabrito caiu na sua armadilha, se aproximou para pegá-lo, mas para sua surpresa, dessa vez também não havia nada. Ele achou estranho, e determinado a conhecer o mistério, esperou escondido não muito longe da armadilha. Nessa mesma manhã um novo veado caiu. Quando o caçador foi até sua presa, viu uma garota pegá-lo nos braços e fugir com ele. O caçador seguiu-a pela floresta entre os bambus, até vê-la desaparecer dentro de uma caverna. Quando chegou na entrada, a garota vendo que não podia escapar, parou de correr e ficou esperando por ele.

O caçador chegou perto e ficou lhe olhando a garota que, por sua vez, ficou também olhando o caçador. Nenhum dos dois sabia o que dizer e continuaram se olhando durante um bom tempo. Assim, olhando um para o outro, surgiu entre eles um doce sentimento. Eles aproximaram-se, disseram doces palavras e pegando nas mãos um do outro tornaram-se marido e mulher.

Eles ficaram na caverna um tempo. Depois, o caçador pediu que ela fosse com ele até a aldeia, ela aceitou e começaram a viver como casados.

Um dia chegou um hóspede e como sua casa estava recém construída, não tinham nem galinhas nem porcos para oferece-lhe, de acordo com o costume dos Nu. O caçador, preocupado com isso, disse a sua esposa, porém ela o tranquilizou assegurando que na manhã seguinte ele encontraria um pedaço de carne atrás da casa, e assim foi. Em outra ocasião em que eles receberam hóspedes, ela mesma foi até o monte voltando com um veado para oferecer ao convidado.

Durante muito tempo eles viveram juntos entre as pessoas. Um dia ela lhe disse: "Já lhe dei filhos e animais para oferecer a seus hóspedes, ensinei as mulheres a tecer e os homens a cultivar. Agora devo voltar as profundezas da floresta porque sou a encarregada de governar seus animais, e sem a minha direção, eles logo desaparecerão. Voltarei uma vez por ano para vê-lo. Cuide das crianças". Dizendo essas palavras, ela desapareceu.

O marido sentia falta dela o tempo todo, olhava para seus filhos e sentia mais falta ainda da sua mãe. "Ela também deseja vê-los", suspirava esperando seu retorno, mas passou um mês e outro sem que ela voltasse. Quando se passaram três meses ele decidiu procurá-la. Procurou-a por todos os lugares até chegar na caverna onde haviam se encontrado pela primeira vez, mas não encontrou nem vestígio dela.

O caçador não desistiu: todo ano no verão e no outono, na estação que sua mulher havia abandonado a aldeia, ele ia até a montanha para procurá-la. Nunca conseguiu encontrá-la, mas toda vez capturava alguns veados que vinham à fonte para beber e voltava para a aldeia com dois animais.

Diz-se que essa mulher era a Deusa da Caça, que ensinou aos Nu muitos truques para capturar animais selvagens e aves, lhes ensinou também a domar os animais domésticos, e às mulheres da aldeia a tecer as mais lindas e suaves telas. Ela amava muito seu marido, e ainda que tivessem se separado, ela continuava protegendo-o. Na verdade, toda vez que os caçadores iam até a montanha e capturavam algum cabrito, era um presente deixado lá pela Deusa da Caça. Mas ela nunca foi vista novamente, somente às vezes, entre as pegadas dos rebanhos de cabras via-se uma pegada de pé humano. Quando o caçador vê essa pegada misteriosa, ele anseia que seja da sua mulher, lembrando as suas palavras de despedida.

Depois, os caçadores Nu fizeram desse caçador seu padroeiro, e quando saem para caçar na montanha, lembram a história do caçador e da Deusa da Caça. Desejando encontrar-se eles mesmos com a deusa, eles esperam que ela lhes dê seus animais.

A Deusa do Sol dos Jingpo

Estava no céu a Deusa do Sol quando um dia percebeu que a situação dos homens havia mudado muito na terra. Se quando foram criados todos eram iguais, sem maldade, não cobiçavam a riqueza, as últimas notícias eram que havia cada vez mais desigualdade entre as pessoas, que havia surgido a riqueza e a pobreza, e com ela a divisão entre as pessoas boas e más.

Disposta a ver por si mesma, ela desceu à terra disfarçada de uma velha mendiga. Com roupas rasgadas e uma tigela quebrada, ela apareceu em uma aldeia. Primeiro foi até a porta da casa de um rico e pediu de comer. O rico, irritado, lhe disse para sair: "Para que eu vou lhe dar comida? É melhor eu dar aos meus porcos ou aos meus cães. Meus porcos mais para frente me darão carne, e meus cães protegerão minha casa".

Depois de ser expulsa de modo mal, a velha foi até uma cabana miserável na qual vivia um filho com sua mãe cega. Eles tinham apenas o necessário para viver, mas quando a mãe de dentro da cabana escutou seu filho falando com a velha, convidou-a a entrar e ofereceu-se para compartilhar os poucos legumes que tinham, pediu-lhe que repusesse suas forças até que ela pudesse encontrar alguém que a ajudasse da melhor maneira. A deusa compartilhou da humilde comida dessa família. Ao terminar, pediu-lhes um pouco de água.

Bebeu um gole e cuspiu na cara na mãe. Um raio de luz iluminou seus olhos pela primeira vez, ela havia recuperado a visão. Bebeu novamente cuspindo a água no telhado, cujas palhas transformaram-se em telhas imediatamente. Ela cuspiu um terceiro gole em umas cestas vazias, e nesse momento, elas encheram-se de deliciosos grãos amarelos. Depois ela se foi.

Os milagres da deusa logo chegaram aos ouvidos dos ricos. A esposa disse ao marido: "Você é um tolo, tivemos a oportunidade de ficarmos ricos e você expulsou a patadas aquele gênio". Diante das constantes repreensões da sua esposa, o rico enviou alguns homens à caça para preparar uma grande festa, enquanto outros procuraram na aldeia pela velha para convidá-la para sua casa. Quando a velha senhora terminou de comer os manjares que lhe ofereceram, ela pediu água de novo. A esposa, gananciosa, ao invés de dar-lhe um copo, deu-lhe uma jarra. A velha senhora bebeu e cuspiu o primeiro gole em direção ao marido, transformando-o em um cachorro; bebeu um segundo gole e cuspi-o na esposa, transformando-a em uma cadela; um terceiro gole e cuspiu no teto da casa e as telhas transformaram-se em palhas.

Os habitantes da aldeia sentiam-se encantados com o castigo que velha senhora havia infligido ao fazendeiro. Ela ainda bebeu um novo gole de água e cuspiu em direção a aldeia, transformando em telhas as palhas das casas das pessoas e encheu suas cestas de trigo e milho. Depois, ela foi até o centro da aldeia e com um suspiro desapareceu. Alguns disseram ter visto sua sombra entre as nuvens, outros dizem que escutaram:

"Agora o mal foi castigado. Vocês têm novas casas e provisões. Lembrem, para comer vocês devem plantar grãos suficientes, que todo mundo trabalhe, e se alguém tem dinheiro que não esconda dos demais".

Baiyungege, a deusa Manchú

De acordo com as lendas, quando o céu e a terra começaram a separar-se, o céu e a água estavam unidos, o céu era amarelo e a terra branca. Gradualmente apareceram na terra pessoas, pássaros, peixes, animais e insetos. A deusa Abukaenduli que vivia na nona esfera celestial, ao ver os seres estranhos que tinham surgido na terra, lançou um tremendo raio para forçá-los a voltar ao céu. Com o mesmo objetivo, ela enviou à terra o Deus do Trovão, o do Vento, do Granizo e da Chuva, gerando um vento forte, uma chuva violenta e um granizo gélido. Enquanto isso, o Rei Dragão que protege o mar do leste abria as comportas provocando uma grande inundação. Caiu água durante 3.336 dias e noites até que a terra toda foi inundada por um mar infinito, cujas ondas brancas salpicaram no céu. As pessoas, os pássaros e animais, todos misturados, eram levados a deriva pela correnteza sem que ninguém pudesse cuidar do outro, gritando e lutando no meio de uma onda negra.

O triste desastre que sofreram os seres vivos comoveu a bondosa Baiyunhehe. Ela era a terceira filha de Abukaenduli, por isso também se chamava a Terceira Princesa. Era uma deusa inteligente e bonita, com o corpo coberto por 99 camadas de nuvens como flocos de neve que lhe davam um brilho prateado. Ela era a favorita da sua mãe, que deixava que ela se ocupasse dos tesouros do seu palácio, bem como de todos os deuses. Isso porque suas duas irmãs mais velhas, Shundahehe e Biyahehe, depois de casarem-se, estavam ocupadas governando o calor e a luz do mundo, ficando no céu somente a Terceira Princesa para atender à sua mãe.

Naquele dia, quando Baiyunhehe deixou o palácio do céu com a ideia de levar várias nuvens de ágata, para que sua mãe lhe bordasse uma bonita cortina com flores de ameixa, de repente escutou o som triste de um pássaro, que perturbando seu coração deixou-a confusa. Então, ela pegou uma nuvem vermelha, criou um precioso navio de nuvens, subiu nele e remou deixando o palácio para ver o que estava acontecendo. Remando e remando, ela desceu até a terra, onde, assustada, descobriu que sob seus pés tudo era uma brilhante camada de água, sobre a qual uma multidão de pássaros, batiam suas asas molhadas e adormecidas. Lutando para voar de um lado a outro, eles uivavam de dor em direção ao céu, pois com os olhos cansados viam que iam cair nas grandes ondas.

Baiyunhehe ao ver a situação gritou: "Pássaros, pássaros, venham imediatamente ao meu barco".

Ao ouvir as suas palavras, os pássaros voaram para o barco onde, com lágrimas nos olhos, lhe disseram: "Bondosa Terceira Princesa, sua mãe tirou a felicidade da terra. Por favor, ajude os seres vivos, não temos comida nem abrigo, nem sequer um lugar onde possamos pousar".

Baiyunhehe olhou para água que se agitava. Irritada com o temperamento excessivo de sua mãe, ela pegou algumas vigas de madeira do seu barco de nuvens e atirou na água dizendo: "Vá, com essas pequenas madeiras constrói ninhos de felicidade".

Os pássaros agradeceram calorosamente a sua bondade, e deixaram o barco voando. As pequenas madeiras que Baiyunhehe atirou, ao tocar a água transformaram-se em milhares de grandes árvores, que as pessoas usaram para salvar suas vidas. Os pássaros desde aquele momento bicam pequenas madeiras para fazer seus ninhos nos galhos das árvores; os insetos e as feras treparam nas madeiras e flutuaram até um lugar onde pudessem se esconder. As madeiras que sobraram cravaram-se nas águas pouco profundas e, gradativamente, transformaram-se na grande floresta de Xing'anling.

Baiyunhehe voltou ao céu. Lembrando-se nervosa da inundação que tomava conta da terra, ela não acreditava que seria suficiente atirar algumas quantas madeiras para reparar a situação, e pensou em uma maneira de retirar essa água que cobria tudo. Pensando e pensando, lembrou-se das dez mil comportas preciosas. Porém, se abrisse essas comportas ela violaria as regras do céu, e sua mãe severa não iria perdoá-la. Por outro lado, ela sabia que devia se apressar para salvar os seres da terra. Disposta a assumir a culpa, ela tomou uma decisão.

Primeiro tinha que conseguir a chave da sala do tesouro onde estavam as dez mil comportas, uma chave que sua mãe carregava sempre pendurada no pescoço. Baiyunhehe esperou até a tarde quando sua mãe tirava uma soneca e entrou na ponta dos pés em seu quarto. Quando Abukaenduli dormia, o som do seu ronco parecia o de uma catarata. Se algum dos deuses tentasse se aproximar dela às escondidas, ela poderia fazê-lo tremer até virar fumaça e morrer, mas Baiyunhehe tinha a pérola que sua mãe lhe tinha dado para acalmar os ouvidos. Então, aproximou-se dela devagar e pegou com muito cuidado a chave que estava em seu peito. Com ela abriu a porta da sala do tesouro, onde ainda teve que procurar com muito cuidado, pois, na verdade, havia 3.330 comportas preciosas. Nervosa e deprimida, com medo que sua mãe despertasse e a seguisse, ela perguntou-se quais entre essas comportas poderiam escorrer a água da terra. Nesse exato momento ela tinha a sua frente duas comportas, ao abrir uma, viu a terra. Então pensou que essas deviam ser as adequadas, por isso pegou-as e deixou o palácio do tesouro subindo novamente em seu barco de nuvens.

Ao abrir a primeira comporta, ela escutou somente o estrondo repentino de alguma coisa que havia descido do céu, mas não viu que a inundação desaparecera. Ao abrir a segunda, a terra começou a transformar-se. A água branca brilhante começou a fluir das partes mais baixas transformando-se em rios e lagoas. Mas, como Baiyunhehe estava muito nervosa, uma parte não foi drenada pelos rios. Nos lugares convexos formaram-se montanhas e colinas, enquanto, que nos lugares planos formaram-se as planícies. Na verdade, as duas comportas que Baiyunhehe lançou na terra, uma transformou-se em ouro e a outra em minerais. Por isso que as montanhas Xing'an não são muito íngremes e sua terra é muito rica. No lugar onde vivemos há muito ouro, basta escavar um pouco para encontrar grandes quantidades.

Os quatro deuses do Trovão, do Vento, do Granizo e da Chuva, ao ver que as ondas brancas haviam se transformado em terra negra, foram rapidamente informar Abuhaenduli. Ela, que tinha acabado de acordar, olhou a terra irritando-se muito. Ao tocar seu pescoço ela percebeu que havia perdido a chave da sala dos tesouros, e gritou em voz alta: "É evidente que isso foi um plano malvado da Terceira Princesa, tragam-na para mim, tragam-na para mim".

Baiyunhehe, sabendo dos infortunios que viriam, correu para implorar a sua irmã mais velha Shundahehe, mas ela irritada por causa da violação das regras familiares, não só não ajudou a irmã, mas também a queimou com seu fogo. Então, ela correu em busca da segunda irmã. Biyahehe a amava, mas estava intimidada pelo medo da sua mãe; o melhor seria continuar fugindo. Os olhos de Baiyunhehe estavam cheios de lágrimas; ela atravessou os corredores prateados cobertos de neve branca, circundou as nuvens rosadas que cobriam seus ombros, apertando o cinto de nuvens amarelas, amarrou o resto de nuvens em um pequeno saco, e um vento perverso soprou e soprou sobre a superfície da terra.

Abukaenduli irritou-se muito ao saber da fuga da sua filha. Fez com que os deuses a perseguissem. Para onde ela fugia, o trovão, vento, granizo e a chuva a seguiam. Por uma feliz coincidência, uma flor de sino floresceu na terra e Baiyunhehe rapidamente pegou um ramo e escondeu-se debaixo de um arbusto de flores. Os deuses a procuraram durante muito tempo, mas como só encontraram um pasto de flores, voltaram para o céu. Quando Abukaenduli foi informada do seu fracasso, ela ordenou ao Deus do Trovão que produzisse neve, pensando que se congelasse o pasto de flores sua filha não teria onde esconder-se. Uma grande nevasca cobriu o céu e a terra. As flores brancas congelaram, porém, longe de forçar a princesa a voltar ao céu e reconhecer seus erros, a grande nevasca ocultou suas pegadas, tornando impossível encontrá-la.

Abukaenduli amava muito sua filha, e pensava nela dia e noite. Por fim, incapaz de suportar a separação, gritou em direção a neve que cobria a terra: "Minha terceira filha, minha terceira filha. Volte ao céu e reconheça seu erro. Sua mãe te perdoa. E, além disso, farei com que a partir de agora só neve durante a metade do ano".

A indomada e bondosa Baiyunhehe não achava que ajudar os seres da terra tinha sido um erro, por isso ela preferiu sofrer frio e tristezas, ao invés de admitir qualquer culpa. A grande nevasca estava ficando mais forte, sua roupa prateada estava coberta por camada após camada de neve, que congelou em seguida, até que no final Baiyunhehe transformou-se em uma bétula branca.

Até hoje nas montanhas Xing'an todo ano neva sem parar. Quando sopra um vento gelado no meio da neve, se aguçar o ouvido é possível escutar um som que sai de dentro da floresta de bétulas brancas: "Não volto, não volto". Se as pessoas gostam especialmente das bétulas brancas, é por essa razão.

Fugulun, mãe dos manchúes

As tradições Manchúes contam que seus ancestrais surgiram no lago Bulehuli. Um lago localizado nos montes Buguli, nome dado as cordilheiras orientais Changbaishan. Uma história que narra a presente lenda.

Há muito, muito tempo atrás, três deusas[70] desceram do céu para tomar banho no lago Bulehuli. Se chamavam Engulun, Zhenggulun e a menor Fugulun. Quando elas terminaram de banhar-se e foram até a margem para vestir-se, Fugulun descobriu que uma deusa urraca tinha colocado um fruto vermelho entre as suas roupas. Fugulun, sem atrever-se a deixá-lo na terra, segurou-o com a boca e enquanto se vestia o fruto desceu por sua garganta. Ela engravidou imediatamente. Descobriu que não podia subir ao céu. Então, perguntou às suas irmãs: "Meu corpo está muito pesado. Não posso subir ao céu. Que devo fazer?"

Suas irmãs lhes disseram: "Nós três comemos o remédio dos deuses, então viveremos eternamente. Pode ser que, sentir seu corpo tão pesado seja sinal de boa sorte. Espera a liberação desse peso e depois suba ao céu". Após darem esses conselhos, elas foram embora voando.

Fugulun teve um menino. Como era um dom do céu, mal havia nascido e ele já podia falar e, além disso, cresceu muito depressa. Sua mãe lhe disse: "Filho, o céu te criou e te concedeu esses dons com a esperança de que você dedique a sua vida a pacificar e governar esse país". Então, ela explicou detalhadamente ao seu filho o processo pelo qual havia nascido nesse mundo, depois deu-lhe uma barca dizendo: "Sobe nesse barco e segue a correnteza das águas". Quando terminou de falar despareceu no céu.

O menino subiu no barco que seguiu a correnteza das águas até chegar a uma pequena praia. Desembarcou na costa e com um ramo de salgueiro ele teceu uma espécie de banquinho, no qual sentou-se.

---

[70] As três deusas do início do mundo estão presentes nas mitologias de diversos povos, tanto no norte, como no sul ou sudeste da China.

Naquele lugar havia três tribos que estavam envolvidas em uma guerra mortal para ver qual de seus líderes se tornaria o chefe. Um dos seus homens aproximou-se do rio para pegar água. Quando vi aquele menino de aparência tão especial teve uma estranha sensação. Voltou imediatamente para as pessoas que, tendo acabado de se levantar, iam começar a lutar, dizendo: "Não lutem. No lugar onde pegamos água há um menino que veio do céu sentado". Os combatentes baixaram suas armas e foram olhar, encontrando de fato um menino de aparência especial. Surpreendidos lhe perguntaram em voz alta: "Divino menino. Quem é você?"

O menino, seguindo as palavras de sua mãe, contou a história do seu nascimento: "Sou um Deus do Céu. Quando as três deusas desceram para tomar banho no lago Bulehuli, os deuses ao verem-se em uma luta constante, pensaram em impor a paz, por isso me transformaram em um fruto vermelho e outra divindade em forma de um pássaro, instruindo-o: "Coloque esse fruto vermelho entre as roupas da menor das três deusas que estão tomando banho no lago Bulehuli". Dessa forma, Fugulun quando saiu da margem para vestir-se encontrou o fruto vermelho entre suas roupas, e sem poder colocá-lo na terra, segurou-o com a boca. Mas o fruto desce até seu ventre e eu nasci. Minha mãe é uma Deusa do Céu, se chama Fugulun. Meu sobrenome é Aisingyoro [71], meu nome Buguliyongshun."

Então, todos disseram: "Não podemos deixá-lo andar". E duas pessoas uniram suas mãos para ele se sentar em cima, levando-o ao lugar onde eles viviam. As pessoas dessas três tribos deliberaram e disseram: "Não precisamos continuar lutando para ver quem será o chefe, ao invés disso, faremos dele nosso rei, casando-o com a menina Baili". Assim, o casaram com a menina Baili e o respeitaram como rei.[72]

---

[71] O nome do clã Manchú que uniu as tribos e posteriormente conquistou a China estabelecendo a dinastia Qing.

[72] É interessante notar como, apesar da personalidade de Baili não ser desenvolvida na história, o divino rei só legitima sua posição mediante o casamento com ela. Esse motivo mítico está intimamente relacionado com às histórias de vários países, nos quais a rainha toma um rei por um ano, no final do qual é sacrificado ritualmente.

Buguliyongshun foi viver ao leste das montanhas Changbaishan, na cidade de Aodaoli. Levou a paz e a ordem às pessoas daquele país chamando-o Manchuria[73]. Ele é, portanto, o pai da nação Manchú.

---

[73] Ainda que Manchuria seja um termo usado em espanhol em um contexto histórico e político bem determinado, é possivelmente a tradução mais adequada para "manzhou" ou terra dos homens ou manchúes.

A Mulher Pássaro. Um conto dos Dai.

Nos tempos antigos vivia nas profundezas da floresta um tipo de mulheres com cabeça de gente e corpo de pássaro, conhecidas entre as populações mais próximas como "as mulheres pássaro". Tinham uma cabeça exatamente igual a das pessoas, com belos olhos e cabelo delicado; e um corpo como dos pássaros, com asas para voar e belas penas de muitas cores. Um dia um jovem caçador entrou na floresta e encontrou-se, por um acaso, com uma bela mulher pássaro. O caçador, surpreso, a olhava e olhava sem parar. No momento em que iam separar-se, a mulher pássaro começou a cantar uma comovente canção.

O som da canção era tão agradável que lhe deixou fascinado. Ele esqueceu-se da fome e seu desejo de voltar para casa, desejando apenas ficar e viver na floresta com a mulher pássaro. Naquela noite, o caçador e a mulher cantaram até o amanhecer lindas canções que fizeram surgir um doce afeto, de modo que ao amanhecer sentiam-se profundamente apaixonados.

O caçador pediu à mulher pássaro que se tornasse sua esposa. Ela aceitou muito feliz, mas lhe advertiu que, a partir daquele momento, ele não poderia deixar a floresta. Então, desde que se casaram, o caçador não saiu nunca mais da floresta, vivendo em seu interior com a mulher pássaro.

O caçador e a mulher pássaro tiveram filhos e filhas, que foram espalhando-se até ocupar toda a floresta, construindo várias aldeias. Dizem que atualmente, as aldeias que possuem o nome de um pássaro, são as estabelecidas por seus descendentes.

A Menina Elefante. Um conto dos Dai.

Há muito tempo atrás, havia um caçador que saia todos os dias para caçar na floresta levando consigo sua filha. Mais tarde, o caçador morreu, deixando sozinha a menina. Sem ter ninguém que pudesse sustentá-la, pensou que o melhor seria procurar alimentos na floresta. Naquela área da floresta vivia uma grande manada de elefantes que era liderada por um macho grande com poderes mágicos, porque ele sempre sabia quem vivia e quem passava pelo território que governava. Um dia a filha do caçador chegou naquela parte da floresta procurando frutos silvestres. Ela havia caminhado muito e estava cansada e com sede. De repente, ela notou pegadas de elefantes à beira da estrada, uma das quais estava cheia de água. Muito feliz, ela agachou-se junto a água e de um só gole secou a pegada de elefante, sentindo-se feliz e contente.

Dias depois ela descobriu que estava grávida, porque a água da pegada era na verdade urina do elefante mágico, e passados dez meses ela deu à luz a uma menina, a qual chamou de Menina Elefante. Quando a Menina Elefante cresceu, as demais crianças riam dela dizendo que não tinha pai. Sentindo-se muito triste ela procurou uma ocasião para perguntar a sua mãe: "Mãe, que é o pai da sua filha? Onde ele vive?" Sua mãe, ao ser perguntada de forma tão direta, não teve outra saída senão contar-lhe a forma como ela havia sido concebida.

A Menina Elefante decidiu ir até a floresta para conhecer seu pai. Depois de buscá-lo durante três meses, ela finalmente chegou aonde ele vivia, mas, naquele momento, ele havia saído liderando uma expedição de elefantes para buscar alimentos, e só havia ficado um velho elefante para guardar as casas. Aquele elefante, depois de escutar a história da menina e saber que vinha procurar por seu pai, sentiu-se comovido, mas com medo de quando a manada voltasse sentissem o cheiro de um estranho e a matassem pisoteada, procurou um lugar para escondê-la.

Naquele mesmo dia, a manada de elefantes voltou liderada por seu chefe, que quando passou pela porta de sua casa perguntou em voz alta: "De onde vem esse cheiro? Quem veio aqui?". O velho elefante respondeu-lhe nervoso: "É a filha do chefe que veio procurar por seu pai". "Ah, então é isso". O elefante mágico sabia que tinha uma filha no mundo das pessoas, mas como nunca a havia visto, não sabia se era uma menina ou não. Pediu a menina que saísse, depois fez um juramento ao céu: "Se essa menina é de verdade minha filha, deixe-a que caminhe para cima e para baixo sobre a minha tromba, sem cair; se não for minha filha, que ao caminhar sobre a minha tromba escorregue e transforme-se em carne triturada". A Menina Elefante deu um salto sobre a tromba de seu pai, e andou naturalmente de um lado para outro sem cair. O elefante, ao saber que ela era sua filha, a amou, e construiu carinhosamente com suas presas uma casa para ela viver.

Passados muitos anos um jovem caçador chegou a essa área da floresta e, encontrando-se com a Menina Elefante, se apaixonou por ela. Quando seu pai soube, quis matar o caçador para impedir que se casasse com sua filha, mas, depois, ouvindo seus desejos, acalmou sua ira e aceitou que eles se casassem.

Depois do casamento, o casal viveu um tempo com os elefantes, até que a menina, sentindo falta de sua mãe, suplicou a seu pai que lhe deixasse voltar. Ele não só concordou, como lhe deu uma presa de elefante que continha comida, vestido, moradia e todas as coisas que a humanidade necessitava. Desde então, a Menina Elefante separou-se de seu pai e voltou a viver entre as pessoas.

A Mulher Dragão. Um conto dos Dai.

De acordo com as lendas, em um trecho do rio Mekong conhecido como Praia dos Nove Dragões, próximo de Mengyang, viviam nove dragões há muito tempo atrás. A filha do rei dragão branco gostava de brincar na margem do rio porque lá a vegetação crescia exuberante, com árvores carregadas de todo tipo de frutas e flores de todas as cores. A mulher dragão quanto mais brincava melhor se sentia. Sem perceber, ela seguiu uma trilha que serpenteava a margem do rio e chegou em uma pequena aldeia.

Lá encontrou-se com um jovem chamado Aimaoyang, e entre eles surgiu um amor tão profundo que, em pouco tempo, tornaram-se marido e mulher. A mulher dragão realizou muitos atos admiráveis para o bem-estar do povo de Mengyang, fazendo com que o vento e a chuva fossem adequados, e que os cultivos dos campos crescessem muito bem. Quando as pessoas queriam ir à Jinghong[74], tinham somente que ir até a margem do rio e gritar em voz alta: "Sou de Mengyang, peço à mulher dragão que me ajude a cruzar o rio". E aparecia no rio uma ponte para que pudesse passar.

Pouco depois, o rei[75] de Jinghong decidiu construir um grande palácio e mandou pessoas para trazer madeira. A madeira chegava flutuando pelo Mekong, mas ao chegar na Praia dos Nove Dragões afundava no fundo do rio. O rei enviou muitas pessoas para recuperá-las, eles não conseguiram. Naquele momento alguém lembrou: "Em Mengyang há um homem chamado Aimaoyang. Sua esposa é a mulher dragão, podemos pedir-lhe que venha, tenho certeza ele pode tirá-la de lá. Então, o rei de Jinghong pediu ajuda a Aimaoyang que recuperou toda a madeira em apenas meio dia.

---

[74] A atual capital da Prefeitura Autônoma Dai de Xishuangbanna e do antigo reino Dai de Sipsong Panna. A 30 km de distância de Mengyang.

[75] O reino de Sipsong Panna, no extremo sul da província de Yunnan foi, de verdade, até os primeiros anos do século XX, um estado semi independente, tributário dos impérios chinês e birmanês. A lealdade que os reis de Sipsong Panna juravam aos imperadores e a contínua malária nas suas terras, manteve-a praticamente livre de influências culturais chinesas.

O rei, muito feliz, preparou um banquete para agradecê-lo. Mas, naquele momento alguém teve uma ideia má e lhe disse: "Rei, a capacidade de Aimaoyang supera muitas vezes a sua, se um dia ele quiser se tornar um rei, você não poderá impedi-lo. Não seria melhor aproveitar a ocasião para matá-lo agora que está desprevenido?". O rei pensou que seria uma boa ideia, então pegou sua espada e o matou.

A mulher dragão estava em trabalho de parto quando recebeu a notícia da morte de seu marido. Naquela mesma noite, ela voltou ao palácio do dragão e contou a seu pai o que tinha acontecido, que, furioso, enviou vários soldados e generais para empilhar pedras no rio até bloqueá-lo. A certa altura, as turbulentas águas do rio começaram a recuar, e o rei de Jinghong e todo seu povo não tiveram outra escolha senão fugir para o alto das montanhas. Lá, passaram seus dias alimentando-se das folhas das árvores e dos frutos selvagens. Por fim, um velho senhor disse ao rei: "Todo esse mal é devido ao seu erro de assassinar o bom jovem que lhe havia ajudado a tirar a madeira do fundo do rio, provocando a ira da mulher dragão. Se ainda deseja viver, a única coisa que pode fazer é curvar sua cabeça diante dela e reconhecer sua culpa".

O rei compreendeu que ele tinha razão. Subiu em um barco e foi pedir perdão à mulher dragão. Como o coração dela era muito bondoso e não podia suportar ver as pessoas morrendo de fome, ela abriu o bloqueio que retinha as águas do rio e a inundação retrocedeu.

O povo de Jinghong, em forma de agradecimento pela sua bondade, a consideraram desde então a deusa da sua cidade, adorando-a todos os anos na margem do Mekong.

A bondade da deusa. Lenda dos mongóis

Em um lugar onde os mongóis Turbot pastoreiam, há uma grande montanha que sobe até as nuvens chamada Nadeshan Seu pico sempre está com neve e coberto de nuvens, das quais emergem nascentes de águas cristalinas que alimentam os lagos da montanha. As pessoas dizem que essa é a morada secreta dos deuses.

Contam que, há muito tempo, um jovem caçador subia de vez em quando até seu topo perseguindo essas pistas. Uma das vezes, em um dos lagos ele viu um grupo de deusas brincando na água. Comovido por sua beleza, ele ficou admirando-as. Depois, desceu da montanha escondido, voltando com um pedaço de couro usado para cobrir os cavalos. As deusas continuavam brincando na água sem suspeitar que o caçador as espiava, quando, de repente, chegou voando o pedaço de couro apanhando uma delas. As demais, assustadas, se esconderam entre as nuvens.

O jovem caçador começou a cortejar a deusa que havia capturado, sem ser rejeitado. Mas, esse feliz encontro foi bem breve, porque devido as grandes diferenças que existem entre os habitantes do céu e os da terra, os amantes se separaram naquele mesmo dia.

A deusa ficou grávida e voltou ao lago, onde deu à luz a um menino. Como ela não podia ficar muito tempo no mundo dos homens, teceu uma pequena cesta e deixou pendurada no galho de uma árvore, ordenando a um passarinho que lhe cantasse canções dia e noite. Depois, muito triste, voltou ao céu.

Naquele tempo, os antepassados dos Mongóis Turbot ainda não tinham um líder, mas desejavam encontrar alguém que os governasse. Seguindo as indicações de um vidente subiram a montanha, onde, depois de escutar o canto do passarinho encontraram o filho da deusa. Sentindo-se extraordinariamente felizes, deram graças ao céu e a terra e o levaram com eles.

Logo, ele tornou-se um jovem robusto que realizou grandes façanhas. Foi o ancestral do clã Chuolos.

A Deusa do Arroz dos Dai

Um dia Buda queria recitar as escrituras no salão de seu palácio. Os deuses do céu, os espíritos da terra, os reis dragões das águas, bem como os alto oficiais e aristocratas entre as pessoas, todos entraram no salão, e ao ver Buda, de imediato juntaram as mãos[76] e se ajoelharam, expressando sua devoção e respeito por ele, pelo cânone e pelas escrituras. Mas, uma velha senhora que vestia uma saia lisa, permaneceu de pé com a cabeça erguida, sem juntar as mãos nem se ajoelhar.

As maneiras e a expressão dessa velha senhora, eram tidas como surpreendentes em meio ao mais seleto grupo de deuses e pessoas, que murmuravam sobre a sua atitude. Buda também se sentiu indignado, perguntando em voz alta: "Quem é aquela mulher que está em pé? Por que não se ajoelha?"

A velha senhora disse com expressão risonha: "Me chamo Yahuanhao, a Deusa do Arroz. Nem as pessoas da terra nem os animais desse mundo podem se distanciar de mim. Sou maior que todos os deuses do céu e espíritos da terra. Não posso me curvar, se eu fizesse isso, a humanidade morreria de fome".

"De onde você vem?", disse Buda, que continuava irritado. "Por que não me veneras?".

A Deusa do Arroz respondeu com a voz calma: "Não venho de muito longe. Na verdade, eu vivo nessa terra. Sou a única no mundo que não necessita dos deuses do céu, embora tenha feito várias contribuições ao bem-estar das pessoas e animais. Palavras vazias não podem saciar a fome. Eu não adoro os deuses, nem as escrituras no papel".

Buda gritou furioso: "Eu sou o maior. Já que você é tão arrogante e mal educada, vá embora desse lugar".

A Deusa do Arroz protestou para si mesma: "Eu já lhe disse. O mundo não pode viver sem mim". Mas, Buda e Payaying (o Deus do Céu), insistiram que ela fosse embora.

---

[76] Sinal de respeito entre os Dai.

A Deusa do Arroz abandonou a terra e foi para um lugar remoto, onde reinava uma escuridão ilimitada. Após sua retirada, os cultivos murcharam, não se conseguiu um grão em um ano inteiro. Pessoas e animais precisavam de alimento. A fome era cada vez mais severa. Logo todos morreram. Ameaçadas pela fome, as pessoas que tiveram a sorte de sobreviver clamaram à Deusa do Arroz, cada vez mais zangados com Buda e os outros deuses. Além disso, sem ter grãos para oferecer-lhes, os deuses também passavam fome.

Os deuses do céu com Payaying a frente, incapazes de suportar o grande desastre que sofriam as pessoas, disseram à Buda: "Grande Buda, o mundo precisa de alimentos. Ninguém esperava que isso pudesse acontecer. Tanto no céu como na terra há fome. Eles estão desesperados. Por favor, dê alimentos às pessoas, salve suas vidas".

Mas, o todo poderoso Buda não era capaz de fazer surgir um grão de arroz. Ele também estava preocupado, mas não encontrava uma solução. Payaying disse: "Tudo isso é devido a expulsão da Deusa do Arroz. Você tem que pedi-la para voltar". Buda concordou, então foi ao lugar escuro onde ela estava escondida e lhe disse: "Grande deusa, os fatos demonstram que você tem razão. Você é a maior no céu e na terra, ninguém pode comparar-se contigo. Agora a humanidade, os animais e os deuses não estão aguentando a fome. Por favor, volte. Volte para o lugar onde você mais gosta de receber os raios de sol".

A Deusa do Arroz voltou à terra. Os cultivos voltaram a crescer, gerando uma boa colheita. Buda e os outros deuses não tiveram outra escolha senão reconhecer. Ela é a única que não precisa deles, ao mesmo tempo que faz muitas contribuições para o mundo.

Desde então, todo o mundo se curva perante Buda, só a Deusa do Arroz que mantém a cabeça e seu corpo erguidos.[77]

---

[77] Uma história quase idêntica circula entre os Bulang de Xishuangbanna. Como os Bulang também são budistas e receberam muitas influências dos Dai, não há dúvidas que ambas as lendas têm a mesma origem. Um mesmo eco também se encontra nas terras distantes dos hebreus, que reflete as contradições entre o culto ancestral à Deusa da Natureza e o novo deus que os sacerdotes tentam impor, acentuados nos tempos de crises. Retiramos esses fragmentos do diálogo do profeta Jeremias com seu povo "Ouça Jeremias, estamos morrendo de fome. Todos estamos morrendo de fome. Nossos filhos estão morrendo de fome. O povo da Judeia está morrendo de fome e tu vens a este lugar sagrado para

interromper essas cerimônias para nos dizer que Yahvé está irritado porque atendemos outras necessidades a parte das suas?"... "Nós te ouvimos Jeremias. Sim, te ouvimos quando nos explicou essas novas leis e que Yahvé não aprova as antigas cerimônias. E então, deixamos a Deusa Asherat sozinha, sem nossas orações nem nossas oferendas, sem nosso pão nem nossas libações"... "Jeremias, devemos queimar incenso novamente para a Rainha do Céu e fazer libações de vinho como sempre... e novamente haverá abundância de comida, nossos filhos ficarão saudáveis, e o mal se afastará de nós". David Leming e Jake Page.- *Goddess*.

A deusa Tana dos Pumi

De acordo com as lendas, Tana, deusa dos Pumi, originalmente nasceu de uma grande pedra[78]. Após nascer, no seu corpo ainda tinha as cicatrizes da pedra. No primeiro dia do primeiro mês foi até a montanha Dazhishan, onde viu-se rodeada por animais selvagens. Sem força para vencê-los, ela perfurou o solo escondendo-se dentro da terra. No dia seguinte um boi amarelo a tirou de lá, e limpou a casca de pedra que a rodeava.

Tendo fome, ela fez um arco simples e umas flechas, disparando-o contra os frutos silvestres que estavam nos galhos mais altos das árvores, saciando seu apetite. Para libertar-se dos restos de pedra do seu corpo e procurar a felicidade, ela decidiu ir ao céu para pedir um conselho. Então, do alto de uma árvore que ultrapassava as nuvens ela colocou uma madeira horizontal que podia ir girando, de modo que, ao subir no alto dela, a madeira girasse permitindo que ela chegasse até o lugar onde viviam o sol e a lua.

O Deus Sol ensinou à Tana a lavar-se nas fontes termais, de como que ela pôde liberar os restos de rocha que espremiam seu corpo. A Deusa Lua deu-lhe grãos para comer, e algodão e canabis para vestir-se, ensinando-a a plantá-los na terra.

Quando Tana voltou à terra, ela seguiu as instruções da Deusa Lua e plantou os cinco grãos, tal como as sementes de algodão e de canabis. Dos quais surgiram, naturalmente, os alimentos mais tarde. Mais tarde colheu os grãos para saciar a sua fome e teceu as fibras da canabis para fazer roupas para proteger-se do frio.

No sexto dia do primeiro mês, ela foi às fontes termais de Yongning onde se banhou durante um dia e uma noite. No dia seguinte ao amanhecer, ela transformou-se em uma bela mulher, que pouco tempo depois se casou com o deus dos Yaks, tendo filhos e filhas.

Desde então, existem os Pumi no mundo.

---

[78] A relação das deusas com as pedras não é nova. No Ocidente, Atenea e Cibeles, entre outras, têm uma estrita relação com a pedra.

Capítulo 3.

Em tempos matriarcais

Canção dos antepassados do mundo dos Yi[79]

No passado abaixo do céu,
homens e mulheres formavam multidões.
Não havia como se separar,
como dividir entre maridos e mulheres.
Naquele tempo,
os filhos não conheciam o pai,
nem a mãe.
Todas as mulheres são mães.[80]

A mãe é a origem de todos.
Todos os assuntos,
eram direcionados para mulheres.
As mulheres eram as chefes,
as mulheres eram as assistentes.
Faziam arcos e flechas,
dividindo as flechas para a caça.
As mulheres repartiam a caça,
repartiam de forma justa,
por isso eram as chefes.
Todo mundo era igual.
Todos lhes obedeciam,
o que diziam era o correto.
...
Ela pode fazer massagem,
ela consegue curar,
ela fica sabendo,
Pode curar cem doenças.
Com as ervas ela faz remédios,

---

[79] Em algumas versões, antes desse poema, descreve-se as atividades de duas deusas, as meninas Emotu e Emofu, que costuram o céu e a terra. "O céu e a lua, elas eram duas deusas, as deusas são básicas. Se não estivessem no mundo, nada poderia crescer, uma vez tendo o sol e a lua, tudo cresce nesse mundo".

[80] "A mãe é a maior, é a raiz de tudo", acrescentam algumas versões nesse ponto.

e com as cascas das árvores.

...

No passado,
os cultivos ainda não existiam.
Houve uma mulher,
que governou todo o mundo.
Os levou para queimar a colina,[81]
queimaram muitas colinas.
Os levou para espalhar a semente,
a espalharam em muitos buracos,
A mulher possui conhecimentos,
a mulher tem os remédios.
Desde então,
temos trigo para comer.[82]

[81] Descreve sucintamente as atividades da chamada agricultura de corte e queima. Muito difundida antigamente no sudeste da Ásia, permitia o uso agrícola de uma parte da floresta durante muitos anos, fertilizada pelas cinzas da vegetação original, que foi queimada.

[82] "A mulher possui conhecimentos, a mulher tem os remédios. Se a mulher adquiriu grande poder, foi dessa maneira". Explica outra das versões que conhecemos.

A origem da medicina entre os Yi

No passado,
o vento soprava e trazia doenças.
As doenças se espalhavam entre as pessoas,
eram realmente terríveis.
Não havia a medicina,
não tínhamos remédio.

As doenças se transmitiam depressa,
um doente, logo virava cem.
A mulher curava as doenças.
A mulher conhecia os remédios.
A mulher tinha sabedoria,
podia curar todas as doenças.
Usava ervas para curar,
com raízes também podia curar.
As pessoas ficavam agradecidas.

Essa mulher que proporciona a saúde,
também é uma médica.
Ela vai por todos os lugares,
curando as pessoas.
Em todos os lugares combate a doença.
Os doentes de todo o mundo,
pouco a pouco se recuperam.
O conhecimento para curar as doenças,
assim se transmitiu.

A Deusa do Céu dos Bulang[83]

Havia um jovem caçador que vivia sozinho fora da aldeia. Um dia quando saiu para caçar, escutou um barulho estranho vindo de um arbusto, como o cacarejo de uma galinha. Preparou seu arco e entrou na mata para capturá-la, mas não a encontrou. Continuou procurando entre a mata sem encontrar nada além de um estranho ovo de pedra. Fascinado pelo curioso objeto, levou-o para sua casa e o colocou em uma cesta de bambu.

Coisas estranhas começaram a acontecer desde que o ovo de pedra chegou na sua casa. O cesto onde ele guardava o arroz, que estava quase vazio, de repente apareceu superlotado. As roupas que ele vestia, cheia de remendos, de repente apareceram novas. Sua casa sempre desordenada parecia nova, e cada vez que voltava da caça, descobria que alguém tinha feito comida para ele.

Pensando que seria alguma pessoa da aldeia, ele foi perguntando de casa em casa com o objetivo de agradecer, mas por mais que perguntasse, não conseguiu descobrir nada. Disposto a desvendar esse mistério, na manhã seguinte ele preparou-se como se fosse caçar, mas ao chegar na montanha voltou para a sua casa, e ficou escondido em um lugar escuro observando a porta. Não viu ninguém entrar, mas a fumaça saindo pela chaminé lhe indicava que alguém tinha acendido o fogo. Aproximou-se com cuidado para ver quem era, descobrindo, para sua surpresa, que era uma bela jovem que ele conhecia.

Ao perguntar-lhe como ela havia chegado até lá, ela confessou que era uma Deusa do Céu que vivia no ovo de pedra que ele encontrou na floresta. Vendo-o sozinho, ela decidiu viver com ele. Agora, com medo de incomodá-lo, ela se ofereceu para partir. Sem acreditar no que estava acontecendo, o caçador pediu-lhe que ficasse.

Além da sua beleza e sua bondade, a Deusa do Céu tinha um dom mágico: bastava tocar a areia para transformá-la em grãos de arroz; bastava tocar as folhas de bananeira para transformá-las em vestidos;

---

[83] Esse conto assim como o próximo, nos proporcionam bonitos exemplos da deusa como criadora das coisas materiais, capaz de dar ao ser humano tudo quanto necessita.

também podia transformar as pedras em ouro e prata, a vontade. Tão logo, entre as pessoas da aldeia, aquele que necessitava de alimento, tinha somente que ir até ela e pedir-lhe, aquele que necessitava de roupa, também, e alguns até se aproximaram para pedir-lhe que lhes desse ouro e prata.

O *shangong* (chefe da área), ao saber das capacidades da Deusa do Céu, sempre ávido por mais riqueza, foi visitá-la para pedir-lhe ouro e prata.

Ela perguntou-lhe: "Necessitas comida? "Necessitas roupa?"

- Não me falta nem alimento nem roupa. Só quero ouro e prata.

Ela respondeu-lhe: "O ouro não se pode comer, a prata não se pode vestir".

- Quero ouro, quero prata. Com ouro posso comprar comida. Com prata posso comprar vestidos. Então, quero muito ouro e muita prata.

- Afinal, quanto ouro e quanta prata você quer?

- Quanto mais, melhor.

- E como você irá carregá-los?

- Nessa cesta grande.

- Não queres escutar meus conselhos - disse a deusa com um suspiro - está bem, eu transformo então essas pedras em ouro e prata.

E assim que o chefe colocou a cesta em suas costas, ela colocou umas pedras que transformou em ouro e prata.

- Agora vá logo. Sua cesta já tem ouro e prata.

- Não é o suficiente, não é o suficiente. Você pode transformar um pouco mais para mim.

Cada vez mais irritada, a deusa ainda transformou duas outras pedras em ouro e prata. Depois lhe disse:

- Agora vá, vejo que daqui a pouco não poderá sequer mover-se.

- Ainda posso me mover, ainda posso me mover - respondeu o chefe - Transforma um pouco mais de ouro e prata para mim.

A deusa, irritada lhe disse: "As pessoas devem conhecer sua capacidade. Se comem muito poderão adoecer, se carregam muito peso esmagarão sua carga. Você já tem bastante ouro e prata. Não sejas tão ganancioso".

O chefe insistiu e insistiu que lhe desse mais ouro e prata. A deusa compreendeu que um ser tão ambicioso não podia ser bom, por isso atendeu seus desejos e continuou colocando na sua cesta pedras que imediatamente transformava em ouro e prata, até que ele não pudesse mais se mover. E assim continuou colocando pedras até que acabou sepultado pelo ouro e pela prata que com tanta cobiça desejou.

A filha de Deus do Lago

Era uma vez um menino órfão de mãe que, quando seu pai se casou com uma nova esposa, se viu forçado por ela a ganhar a vida como pastor. Um dia, quando estava no monte, salvou a vida de um sapo que havia sido atacado por uma cobra. Esse sapo era o filho do Deus do Lago, Zhaolajiwu, que, para agradecer sua bondade, deu-lhe seu cachorro preferido.

Desde então, o jovem pastor, cada dia quando acabava seu trabalho e voltava para casa, alguém já havia preparado a sua comida. Assim aconteceu dia após dia, até que disposto a saber a razão desse estranho acontecimento, em vez de ir para o monte, ele ficou escondido na chaminé para ver o que acontecia. Para sua surpresa, o cachorrinho tirou sua pele de cão e se transformou em uma bela mulher, que na verdade, era a filha do Deus do Lago.

Quando a menina viu que o pastor tinha descoberto sua verdadeira identidade, aceitou casar-se com ele. Após seu casamento, o pastor não queria deixar sua esposa nem por um momento, por isso, a filha do Deus do Lago pintou um retrato dela mesma para que seu marido pudesse olhá-la enquanto trabalhava. Desde então, o pastor todo dia ia ao monte levando o retrato de sua amada esposa.

Um dia passou um vento forte que arrastou o retrato, indo parar nos pés no imperador. Esse pegou-o espantado, e ao ver a beleza da jovem refletida, ordenou que a buscassem e a levassem até ele. Os soldados cumpriram suas ordens, e não demoraram a encontrar a filha do Deus do Lago. Nem ela nem o pastor puderam oferecer resistência, e não tendo outra saída, ela acompanhou os soldados para apresentar-se diante do imperador.

Quando o pastor estava sozinho, seguindo as instruções de sua esposa, caçou muitos animais selvagens, tecendo com suas peles uma estranha capa estampada. Quando a terminou, foi ao encontro do imperador. Sua esposa, que desde que havia chegado ao palácio tinha mantido uma expressão triste e resignada, ao vê-lo, começou a rir. O imperador, pensando que ela estava rindo porque gostava da capa, tirou-a do jovem pastor e vestiu a capa em si mesmo. Com a capa em seu corpo, ele começou a cantar e a dançar de forma tão louca que parecia um animal com uma cabeça estranha.

Ao escutar o barulho, uma matilha de cães entrou na sala, e lançaram-se sobre o que eles pensavam que era uma fera selvagem, mordendo o imperador até matá-lo. Então, a filha do Deus do Lago pôde voltar para casa com seu jovem pastor.

A princesa Pargo Vermelha[84], um conto chinês

Era uma vez um jovem vagabundo que ganhava a vida pescando. Todos os dias ele se sentava na margem do rio e olhava um grande peixe que brincava entre as ondas. Mas esse peixe nunca mordia o anzol. Então, ele pescou muitos dias, mas sempre voltava para casa com as mãos vazias. Por fim, vendo que nenhum peixe mordia o anzol, ele começou a chorar desanimado na margem do rio. A princesa Pargo Vermelha, que vivia no Palácio de Água, era bonita e bondosa, por isso, sentindo-se comovida por seu choro, pensou em uma maneira de ajudá-lo.

No dia seguinte, o vagabundo pescou um pequeno pargo vermelho tremendamente bonito, cujas escamas brilhavam como ouro. Ele colocou-o cuidadosamente em uma tigela e voltou para a aldeia. Lá ele fez um pequeno aquário, onde soltou o peixinho e ficou ao seu lado de vigia. Ao anoitecer, o pargo vermelho saiu lentamente da água transformando-se em uma bela mulher.

"Desculpe, a senhorita é a princesa de qual casa?", perguntou-lhe surpreso o vagabundo. A princesa Pargo Vermelha respondeu: "Venho de muito longe para lavar sua roupa e fazer sua comida".

"Mas eu não tenho nada. Se ficar comigo só receberá amarguras", acrescentou o jovem.

"Não me importo", assegurou a princesa.

No dia seguinte, quando o vagabundo acordou, viu que o aquário do pargo vermelho tinha se transformado em uma casa grande, decorada com belíssimos azulejos. No seu interior havia muito ouro, prata e tesouros; no seu quintal, rebanhos de vacas e cabras. Desde então, a princesa e o vagabundo se amaram, protagonizando uma doce existência.

Havia um homem malvado que, invejando a felicidade do casal, procurava uma forma de separá-los. Um dia, vestido como um jovem distinto, com intenção de enganar o vagabundo, disse: "Amigo, como

---

[84] Um peixe da família Lutjanidae, típico de zonas tropicais.

você pôde se casar com uma sereia? Se não acredita em mim, então essa noite quando ela estiver dormindo, olhe suas pernas e verá como são feias".

Naquela noite, quando a princesa dormia profundamente, o vagabundo levantou o cobertor sem que ela percebesse, descobrindo que nos seus pés, de fato, havia escamas brilhantes. Na manhã seguinte ele lhe disse bravo: "Você é um monstro. Afaste-se de mim o quanto antes. Vá embora para sempre".

A princesa Pargo Vermelha ficou aterrorizada por sua má sorte. Por mais que ela tentasse explicar, o vagabundo não a escutava. Ao ver que não tinha como fazê-lo mudar de opinião, lhe disse: "Cheguei aqui porque você me trouxe. Só te peço que me leve de volta ao rio".

O vagabundo a levou até a margem do rio. A princesa lembrou com nostalgia dos anos vividos no mundo dos homens e voltou ao Palácio do Dragão.

O vagabundo e seu malvado amigo passavam o tempo gastando e bebendo de manhã até a noite. Viviam muito bem, sem trabalhar. Três anos depois a princesa Pargo Vermelho soltou uma abóbora vermelha que pegou, para devolver ao Palácio do Dragão, o ouro, a prata e todas as riquezas e tesouros que havia proporcionado ao vagabundo. Ele e seu amigo acordaram uma manhã deitados sobre um monte de ruinas. Não tinham absolutamente nada. O diabo, ao ver a situação, transformou-se em vento e saiu correndo. O vagabundo transformou-se em um verdadeiro mendigo. Então, entendeu finalmente que havia sido enganado, e que ele havia culpado injustamente a princesa. Arrependido, sentou-se à margem do rio chorando amargamente, perguntando-se se ela ainda poderia perdoá-lo.

A princesa ouviu seus soluços e enviou a tartaruga para que lhe trouxesse ao seu palácio. Ao encontrar-se com ela, o vagabundo sentiu-se muito envergonhado. Com lágrimas nos olhos se arrependeu, pedindo seu perdão. A princesa não disse nada, apenas ordenou à tartaruga que o levasse para brincar no Palácio do Dragão.

Depois de viver lá por dez dias, a princesa chamou o vagabundo e lhe disse: "Hoje você vai voltar para o mundo das pessoas. Você era meu marido antes, mas me rejeitou. Para você eu estou morta. Se você quer realmente pensar que sou sua esposa, então pega esse pano branco e o enrole na cabeça".

Então, o vagabundo voltou para a terra. A partir de então, ele enrolou um pano branco na cabeça para lembrar sua amada esposa[85].

---

[85] É realmente curiosa a adaptação machista desse conto. A mulher chega para lavar sua roupa e fazer sua comida, embora, na realidade, ela lhe dê todas as riquezas que ele possa desejar, que constitui o coração da história. A mulher proporciona riquezas. A associação do amor com a riqueza em duas ocasiões deve ser uma adição posterior.

A origem dos povos segundo os Pumi[86]

Há muito, muito tempo atrás, as mulheres não podiam ter filhos. Elas se pareciam com os homens de agora, tinham muita força e se ocupavam dos cultivos dos campos, porque eram capazes de arar a terra e de carregar madeiras para construir as casas. Elas também podiam subir na montanha para caçar e descer aos rios para pescar.

As mulheres daquele tempo não tinham peitos e tinham em contrapartida um bigode curioso. Naquela época, eram os homens os que davam à luz aos filhos. Porém, essas crianças que os homens pariam eram como pequenas rãs, quando chegavam aos treze anos só chegavam ao tamanho de um coelho. Não eram capazes de cultivar os campos, nem de carregar madeiras, não podiam construir casas, nem caçar animais selvagens. Comer, comiam muito pouco e, também não faziam muitas coisas. Essas pequenas pessoas não pareciam humanas.

Como as mulheres detestavam a inaptidão dos homens de apenas dar à luz a essas pessoas, começaram a parir elas as crianças. Os homens passaram seu peito para as mulheres, enquanto, que elas lhes deram seu bigode.

As pessoas que eram paridas por mulheres cresciam muito depressa, e ao chegar aos treze anos já eram como os adultos. Podiam cultivar os campos, reparar e construir novas casas, subir na montanha para caçar e descer aos rios para pescar. Desde então, uma geração após a outra, a humanidade tem se espalhado pela terra.

---

[86] Os anciãos Pumi entoam esta canção durante suas festas mais importantes.

Os animais de estimação foram trazidos pelas mulheres. Conto dos Wa

No início dos tempos, quando tinham apenas saído da abóbora, entre as pessoas e os animais, ninguém alimentava ninguém. Todos sobreviviam pegando os frutos das árvores, plantas e folhas. Mais tarde, a humanidade se desenvolveu, os animais se multiplicaram e os frutos das árvores, as plantas e as folhas foram acabando. A humanidade aprendeu a conservar e replantar alguns frutos e plantas selvagens especialmente saborosas, que são as frutas e legumes que conhecemos hoje em dia.

Como as pessoas e os animais, às vezes, brigavam por comida, as pessoas protestaram perante os deuses que concordaram em deixá-los capturar alguns animais e comer sua carne para saciar a fome. A partir de então, a humanidade começou a juntar-se em grupos de homens e mulheres, velhos e crianças, que iam de uma montanha para outra perseguindo os animais. Aquelas pessoas, quando capturavam animais e os matavam para comer, não se importavam com o tamanho que eles tivessem, sempre cortavam primeiro suas quatro patas, seus cinco órgãos, seus cinco sentidos, a pele e a carne do tronco, pegando um pouco de cada lugar para oferecer aos deuses como agradecimento por dar à humanidade um presente tão bom. Ainda hoje, toda vez que os Wa caçam um animal selvagem, independentemente do seu tamanho, eles fazem uma oferenda aos deuses.

Naquele tempo, as pessoas ainda não sabiam fazer nenhuma arma ou instrumento, e viviam em cavernas, das quais se mudavam a cada vários dias. Capturar animais selvagens era uma tarefa coletiva. As pessoas se organizavam formando um grande círculo ao redor da montanha, círculo que gradualmente eles apertavam para encurralar os animais e forçá-los a sair, momento em que podiam golpeá-los com paus e pedras. O tamanho do círculo dependia do número de pessoas que saiam para caçar, quando o círculo era maior, podiam pegar muitos animais de todos os tamanhos, feridos ou mortos pelas pessoas ou tão cansados de fugir que não conseguiam se mover mais.

Naquele tempo, quando as mulheres capturavam esses animais cansados ou feridos, os amarravam com seu cinto porque elas vestiam uma roupa sem botões, mas com dois cintos, e os levavam de volta para casa, mas, se fossem capturados pelos homens, eles os matavam com paus e pedras.

Quando a caça foi diminuindo, as mulheres começaram a criar esses animais que capturavam. Algum tempo depois, eles deixaram de sair para caçar, cuidando somente desses animais que, depois de um tempo considerável, foram se reproduzindo e acostumando-se a serem criados pelas pessoas, transformando-se nos animais domésticos de hoje em dia.

Por isso as pessoas dizem que os animais domésticos pertencem as mulheres. Enquanto, que os animais dos homens são selvagens e pássaros da floresta e montanhas. Dessa forma, até hoje, os homens devem se organizar para ir caçar na montanha, enquanto, que as mulheres, além de outros trabalhos, devem se ocupar da alimentação dos animais domésticos, dar de comer as galinhas, cuidas das vacas e levá-las ao estábulo. Além disso, na história da humanidade, as mulheres foram as primeiras que desfrutaram da carne, logo, quando se prepara um casamento e se sacrificam vacas e veados, a carne de três patas vai para o lado das mulheres, e só a de uma para o lado dos homens. Quando as mulheres passam um mês em confinamento após o parto, recomenda que lhe dê de comer frango, e costuma-se matar vacas, porcos e cães para alimentá-los.

Ainda que não se possa comparar a força física das mulheres com a dos homens, suas contribuições ao progresso da humanidade têm sido muito grandes. Justamente porque o trabalho é tão cansativo, não é permitido que as mulheres façam trabalhos pesados. As mulheres, as autênticas mulheres, deveriam transformar-se no verdadeiro tesouro da humanidade.

Capítulo 4

O fim das Amazonas ou o fim do matriarcado.

Cuoriapu conquista o Reino das Mulheres. Uma lenda dos Yi

Cuoriapu e sua mãe Mugucuori.

A mãe de Cuoriapu, Mugucuori vivia sozinha em meio a uma grande floresta, porque seu marido havia ido embora de casa sem ter qualquer notícia sobre ele.

Mugucuori saiu a procura de seu marido. Um dia chegou a uma grande montanha de aparência estranha, toda vermelha, cheia de flores de diferentes tipos e formas que, com uma cor muito especial, estavam penduradas em umas ervas finas como o fio do cânhamo[87], e quando o vento soprava, elas não se moviam. Seu perfume podia ser sentido intensamente de longe. Mugucuori se senti como se estivesse sonhando. Sem perceber, ela subiu até o topo da montanha de onde podia ver distâncias muito, muito longes. Soprou um vento estranho enquanto ela estava no topo. Soprou uma vez e depois permaneceu calmo durante metade do dia. Soprou outra vez e os brotos acabaram de abrir crescendo até que se transformaram em grandes flores. Mugucuori teve uma sensação estranha, mas alegre. Pensou que do alto da montanha sua voz se espalharia para bem longe, e se chamasse seu marido seria mais fácil de ele escutá-la. Abriu a boca para gritar, mas antes que saísse algum som, um vento quente e perfumado entrou na sua boca. Sentiu que seu corpo fervia como se tivesse fogo dentro. Com a sensação de ter aspirado algum aroma perfumado, sentiu uma coceira no coração e deixou-se cair na grama.

Quando desceu da montanha, ela percebeu que tinha engravidado,[88] e foi procurar uma caverna para viver. Passados nove meses teve um filho de pele branca e gordinho, que chamou de Cuoriapu. Após nascer, seu mãe o alimentou com 99 tipos de frutas, que o tornou mais inteligente do que qualquer pessoa nesse mundo; com 99 tipos de carne, que o tornou mais ágil do que qualquer fera

---

[87] O cânamo é relacionado com plantas de propriedade psicoativas, como a marijuana.

[88] No país das mulheres da mitologia chinesa quando as mulheres se banham em uma lagoa, elas engravidam. Birrell, p. 62. O vento também é agente germinador em outras mitologias.

que habite na terra; e com 99 tipos de raízes de árvores, por isso cresceu mais forte do que qualquer árvore.

Quando estava com três anos, ele aprendeu com sua mãe como tecer. Ao fazer sete anos, já podia tecer com as plantas belas roupas, e com a lã dos animais capas para se manterem aquecidos. Sua mãe ao vê-lo progredir desse modo lhe disse muito feliz: "Apu[89], sua mãe não teve a sorte de ter uma filha, mas você é ainda mais hábil que qualquer filha. Ainda que os homens não devam sair para procurar plantas e lã de animais, e que tecer roupas seja um trabalho de mulheres". Quando Cuoriapu ia para a montanha para pegar planta e lã para tecer, logo ele voltava para casa para encontrá-la. Aos sete anos aprendeu com sua mãe a cultivar a terra, e ao fazer nove anos tinha se tornado um experiente cultivador, de modo que, em um dia podia arar por completo uma montanha, e o que havia arado em dez dias ele podia semear em uma noite. Sua mãe, ao vê-lo, lhe dizia orgulhosa: "Apu, sua mãe não teve a sorte de ter uma filha, mas você é ainda mais hábil que qualquer filha, ainda que os homens devam sair para caçar, e seja trabalho das mulheres o cultivo dos campos. Vá caçar animais para trazer carne para sua mãe". Então, Cuoriapu logo tornou-se um memorável caçador.

O pequeno homem cresce até ficar grande, o homem grande se transforma em um herói. A mãe, vendo seu filho com a tez como uma montanha, com os músculos como pedras, e os braços como galhos de árvores, sentia-se cada dia mais feliz. Mas, depois de um tempo, ela começou a ter dificuldades para andar, e logo não podia realizar as menores tarefas para sobreviver. Cuoriapu, inquieto com os perigos que poderiam surgir, começou a ir à caça levando sua mãe nas costas. Sua mãe, triste, lhe aconselhou: "Apu, sua mãe já é velha e seus ossos estão frágeis, tenho que ficar nas suas costas desde a manhã até a noite, meu coração está a ponto de parar, meu fígado a ponto de romper-se. Me deixe em casa, não me leve mais em seus ombros. Se voltar a me carregar, não serei mais a mãe desse filho".

---

[89] Tradicionalmente os nomes dos Yi têm o nome do pai (da mãe nesse caso) antes do seu, por isso que o nome do protagonista é Apu, e seu sobrenome Cuori.

Cuoriapu lhe respondeu mexendo a cabeça: "Mãe, você não sabe o que diz. Os ursos fizeram suas tocas na frente da casa, atrás da casa os lobos famintos construíram sua toca, sobre as vigas da casa os mosquitos se reuniram para picar as pessoas, embaixo da cama as cobras venenosas espreitam. Como seu filho vai deixá-la em casa?" Não importava o que a mãe dissesse, o filho ainda a levaria nas costas quando saísse para caçar. Mugucuori não teve outra escolha senão dizer-lhe para encontrar alguém com quem se casar: "Apu, a árvore que não deu flores não se pode chamar de árvore, a pessoa que não casou não pode ser considerada pessoa. Sua mãe quer que encontre uma bela mulher para casar-se".

Seu filho não pensava assim: "Mãe, você me alimentou na primeira metade da minha vida, essa segunda metade eu te alimentarei, isso é o certo. Você quer que eu encontre uma mulher para casar-me, como se antes disso eu não tivesse você. Por favor não diga isso novamente".

A mãe insistiu: Bem, também há uma solução sem você abandoar sua mãe, você pode comê-la e, com ela dentro de você, pode casar-se. Essa é uma medida muito boa para solucionar ambos os problemas. Não pense que é difícil. Por um acaso sua mãe não te carregou na barriga?

O filho, rejeitando sua proposta, respondeu: "Minha mãe me carregou na barriga para dar-me a vida, mas seu eu a carrego dentro de mim será para prejudicar a sua. Não posso comer minha mãe e, também não posso abandoná-la para me casar".

A mãe e o filho discutiram durante vários dias. Por fim, Cuoriapu pensou que a única solução seria procurar uma mulher que quisesse viver com ele. Mas, como as regras naquela época eram que os homens deixassem a casa materna para casar, e as mulheres recebessem na sua seu marido, a sua mãe não gostou, mas sem encontrar uma forma de detê-lo, teve que aceitar que ele a escondesse em uma caverna e saísse em busca de uma esposa.

Cuoriapu e as mulheres do mundo.
Seguindo as instruções de sua mãe, Cuoriapu partiu e foi cantando para a montanha das flores. Depois de um tempo, um canário tão lindo como uma flor sobrevoou ao seu redor cantando:

""Ajiajiali, senumolamuquda..." Ele escutou-o durante metade do dia, e ainda que não entendesse o que cantava, sentiu-se muito feliz e pensou: "Isso é um bom sinal, é um bom agouro".

Não havia passado muito tempo quando um javali o seguiu, grunhindo assim: "Honghonghehe batalawuzeni..." Ele escutou-o muito tempo sem entender nada, por isso, um pouco irritado pegou sua faca e o espantou. Um pouco mais tarde, um grupo de macacos bloquearam seu caminho dizendo: "walayili jiajiamomoaluzhequ..." Cuoriapu escutou-os durante muito tempo sem entender o que diziam, por isso, cada vez mais irritado agarrou o galho de uma árvore e atirou contra eles, que saíram correndo e gritando pela montanha.

Um pouco mais para frente, ele encontrou-se com uns esquilos, aos quais perguntou animado: "Esquilos, esquilos, no passado os homens saiam para casar-se com as mulheres, agora eu quero uma que venha até mim para casar-se. Por favor me diga aonde devo ir para encontrar esse tipo de mulher". Os esquilos apontaram com as mãos para frente e rindo lhe disseram: "Vá em frente que há mulheres; isso é o que podemos dizer, o que não podemos dizer..." e sem acabar a frase saíram correndo. Depois daquele encontro ele seguiu caminhando, ao mesmo tempo, alegre e preocupado.

Vários dias depois chegou ao pé de uma montanha onde uma mulher cuidava de uns porcos. A mulher quando o viu, perguntou carinhosamente: "Irmão caminhante, de onde você vem? Para onde vai? Como chama sua mãe? Como você se chama? Ao vê-lo, uma brisa percorreu meu rosto, mas você está tão ocupado. Por um acaso, você saiu para casar-se?"

Cuoriapu lhe respondeu: "Mulher que pastoreia os porcos, às vezes tão boa como o canário, venho de trás da montanha das flores, vou adiante dessa montanha, minha mãe se chama Cuori e meu nome é Apu. Se ando depressa não é porque sai para casar-me, mas porque penso em me casar com uma mulher que se torne minha esposa[90].

---

[90] Em chinês é perfeitamente diferenciada a palavra que distingue quando um homem sai para casar-se e entra na família da mulher, da que mostra quando uma mulher entra na casa de um homem.

Mulher inteligente, por favor me diga, no mundo há alguma mulher queria sair para casar-se?"

A pastora ao escutá-lo, com bom coração lhe disse: "Já que pensas assim, segue teu caminho. No entanto, quero dizer-lhe que conseguir uma esposa assim como tu pretende, é mais difícil do que ter um filho".

Cuoripau, muito agradecido, lhe disse: "Bondosa mulher, se deixar os porcos presos no curral, engordarão mais do que soltos na montanha". Desde então, os porcos não pastoreiam mais.

Pouco depois, ele encontrou com uma mulher que cuidava de algumas cabras. Após dizerem seus nomes[91] Cuoriapu perguntou: "Inteligente pastora, quero mudar a maneira de se casar. Procuro uma mulher para levar para casa e que fique com a minha mãe, por um acaso, você sabe se poderei ou não tornar meu desejo realidade?".

A pastora começou a rir dizendo: "Você tem tantas cabras como eu? Se for assim eu me casarei contigo. Mas veja, você vem sem nada, e ainda quer levar uma mulher. Nenhuma mulher vai querer sair da sua casa para casar-se".

Cuoripau amaldiçoou-a com raiva: "Que a partir de agora, as mulheres não possam cuidar das cabras, que essa arte seja somente dos homens". Desde então, as mulheres não podem cuidar das cabras.

Após deixar a pastora, andou meio dia até que encontrou um grupo de mulheres que levavam uns bois para arar a terra. Depois de trocar seus respectivos nomes, Cuoriapu lhes disse: "Irmãs tão ativas como os macacos, cheguei aqui para buscar uma esposa. Há alguma que queira sair para casar-se comigo?"

As mulheres começaram a rir, dizendo: "Você pode, por acaso, guiar os bois para arar a terra como nós? Se não pode, ainda assim vem com a ideia de levar com você uma esposa?"

Cuoriapu afastou-se irritado dizendo: "Que a partir de agora, os bois não obedeçam às mulheres, mas somente aos homens". Desde então é assim.

Um dia chegou em uma aldeia, cuja praça estava cheia de mulheres conversando. Se aproximou delas. Ainda não haviam dito

---

[91] Um costume dos Yi. As pessoas encontram-se e dizem seu nome, assim cada um sabe a que clã pertence o outro, e se a relação é boa ou má entre eles.

seus nomes ou nenhuma outra palavra, quando elas o rodearam como um enxame, brigando para casar-se com ele. Cuoriapu pensou: "As mulheres devem ser um pouco mais tímidas do que os homens, seu casamento não pode transformá-las em chefes. Aos três anos deve-se determinar o casamento, e aos treze devem sair para casar-se, não é muito melhor assim? Nenhuma mulher nesse mundo gosta de obedecer aos seus irmãos, se estabelecer o costume de casar suas filhas com os filhos de seus irmãos, não será muito melhor?" Na verdade, muito tempo depois, o tio de uma mulher começou a preferir casá-la com seus filhos, o que se tornou uma regra exatamente igual à que ele pensou[92].

Cuoriapu andou e andou por muitos caminhos, experimentando muitas situações que fizeram com que se sentisse muito mal, mas não desistiu e continuou caminhando até que chegou em um lugar onde não se via nem a sombra de uma pessoa. Ao chegar no topo de uma montanha encontrou uma bela mulher, que sorrindo lhe cumprimentou: "Irmão caminhante, de onde você vem? Para onde vai? Como se chama sua mãe? Como você se chama? Parece que esteve chorando. Por um acaso você está com dificuldades?

Cuoriapu lhe disse seu nome, e continuou: "Mulher tão bonita como um esquilo, em minha casa vive uma velha mãe, eu procuro uma esposa que possa acompanhá-la. Por acaso você pode me dizer se poderei encontrar aqui alguma mulher que queira sair para casar-se?"

A mulher lhe respondeu com um sorriso: "Há uma mulher que quer sair para casar-se, mas primeiro você deve subir a montanha para me ajudar a procurar uma coisa e depois te darei os detalhes".

Na verdade, em um lugar não muito distante, existia um Reino das Mulheres, cujos habitantes podiam engravidar recebendo o vento no topo da montanha. Quando tinham filhos, só mantinham as mulheres, não queriam os meninos. Como essas mulheres saiam com frequência para capturar homens, esses se extinguiram no território

---

[92] Regra conhecida na linguagem etnológica como o "casamento preferencial entre primos cruzados", e parece ter como objetivo manter um equilíbrio no intercâmbio de mulheres entre diferentes grupos étnicos dentro de uma comunidade. (Roger Casas, comunicação pessoal)

mais próximo ao seu reino, e as mulheres que viviam nessas terras vizinhas ao Reino das Mulheres, acostumaram a ir para porta de sua casa para atrair maliciosamente os forasteiros, e formar uma família com eles[93]. Aquela mulher era uma dessas especialistas em esperar homens.

Cuoriapu não sabia disso, por isso que ao ouvir suas palavras, ele começou a caminhar ao seu lado muito feliz. Exatamente naquele momento, voou no céu um rebanho de gansos, e a mulher apontando para o último disse: "Dos gansos que voam no céu, a que vai mais atrás não tem companheiro, se você atirar nela, terá uma esposa".

Cuoriapu pegou seu arco, colocou uma flecha e atirou derrubando a última gansa. Olhou suas belas penas e sentindo-se comovido, colocou-as na caixa de suas flechas. A mulher não parava de elogiá-lo. Depois de um tempo, no topo da montanha eles viram uma grande cobra. A mulher apontou para a cobra e disse: "Ela também procura um companheiro. Se puder arrancar seu dente venenoso, eu serei sua esposa". Cuoriapu pulou no dorso da cobra, e pressionando seu pescoço arrancou seu dente venenoso. A mulher, impressionada com esse homem prodígio, sentiu-se muito feliz e começou a andar puxando-o. Entrou em sua casa e disse a sua mãe que estava deitada na cama: "Mãe, mãe, que sorte. Hoje sua filha vai se casar com um homem extraordinário. Abre bem os olhos para vê-lo, seus músculos são tão duros como pedras, pode quebrar o dente da cobra, sua tez é como a de uma montanha, pode levantar a terra com uma mão e com a outra tirar o céu; seus braços são como árvores, pode unir o céu e a terra". Sua mãe também se sentiu muito feliz ao conhecer Cuoriapu, deixando que eles formassem um casal.

Cuoriapu, satisfeito, queria ir embora em seguida com a mulher, mas a mãe se zangou: "Nesse mundo a regra é que os homens sigam as mulheres, onde você viu que a mulher segue o homem? Agora você é meu genro, se você quiser ficar, fique, se não quiser, deve ficar do mesmo jeito". A mulher acrescentou: "Também não é razoável que eu te siga, minha mãe é muito velha e não posso deixá-la. Você

---

93 Quando Marco Polo passou por essas terras, ele registrou um costume semelhante. Segundo ele, os maridos abandonavam a casa durante um tempo para que sua esposa concedesse favores aos forasteiros.

aceitou casar-se comigo de vontade própria, agora você deve ficar aqui".

Cuoriapu ao escutá-las, foi embora irritado. Mas ainda não tinha se afastado três montanhas quando a mulher lhe alcançou e lhe disse: "Não posso me separar de você e ainda quero me casar contigo". Cuoriapu lhe perguntou: "Sua mãe deixou você partir?"

"A trago comigo", disse a mulher.

"Onde", ele perguntou.

A mulher respondeu: "Na minha barriga".

Cuoriapu continuou assustado: "Você comeu a sua mãe?"

A mulher assentiu: "Comi, assim ela não incomoda".

Cuoriapu tremendo lhe disse em voz alta: "Não me caso com você, não me caso. Não me casarei com você vivo, nem tão pouco morto. Segue teu caminho, não me faça te matar".

A mulher, ao ver que não havia como mudar a opinião dele, mostrou seu malvado coração, dizendo: "Vá procurar outra pessoa. Você vai continuar, cruzará três montanhas vermelhas, cruzará três rios negros. As mulheres de lá, de dez que apareçam, dez se casarão, de cem que apareçam, cem irão com você. Eu morro culpada, então morro diante de ti, mas desejo que você siga o caminho que te indiquei, senão você não encontrará uma esposa". Ao terminar de falar, se matou atirando-se contra uma árvore na beira da estrada. Sua alma se transformou em um belo pardal de boca vermelha e cara branca, e até hoje ainda canta na montanha de forma triste: "Não me caso contigo, não me caso contigo, morro de raiva, mas não me caso contigo".

Cuoriapu e o Reino das Mulheres e a Deusa da Caça

Cuoriapu não havia pensando que a mulher pudesse se suicidar. Enquanto colocava seu corpo em uma pira improvisada para incinerá-lo, triste e arrependido pensava: "Era uma bela mulher e eu a feri". Recordando suas últimas palavras, ele continuou caminhando.

Após atravessar três montanhas vermelhas e cruzar três rios negros, ele chegou a um lugar estranho onde o céu era vermelho, a terra era vermelha, o ar era vermelho[94], e até a água também era vermelha. Entre os 99 reflexos dourados que confundiam seus olhos, ele descobriu uma aldeia toda vermelha. Na porta da aldeia, e nos campos que se estendiam por ela, todo lugar estava cheio de mulheres jovens desnudas. Algumas carregavam lenha, outras traziam água, outras cuidavam do gado e outras conversavam tranquilas. Todas cantavam uma canção encantadora, cheia de alegria. Esse era na verdade o Reino das Mulheres. Todas as mulheres desse reino tinham um corpo alto e forte, e como morriam sem envelhecer, todas aparentavam ter 17 ou 18 anos. Cuoriapu, sem saber aonde havia chegado, sentiu-se espantado. Ele estava pensando em virar-se e ir embora quando chegaram várias dezenas de mulheres com suas filhas. Seus peitos eram muito grandes, tão grandes que seus mamilos ficavam pendurados de lado no ombro para deixar as meninas mamarem: em suas mãos carregavam lenhas, e das suas bocas saiam estranhas canções. Cuoriapu sentia-se perplexo. As mulheres o rodearam, observando-o com muita curiosidade de cima para baixo.

Uma delas disse: "Vejam, o céu nos deu sorte, peguem-no, não deixem que ele escape". Terminou de dizer isso, as mulheres se lançaram em cima dele gritando, e em um momento toda a montanha ficou coberta por essas mulheres selvagens que, deixando cair de suas mãos o que ocupava suas tarefas cotidianas, gritavam ameaçadora, atirando-se contra ele com a pressão de um vento negro.

Cuoriapu vendo a difícil situação, abriu espaço por um caminho de sangue. Não foi fácil romper o cerco, mas as mulheres também não desistiam, e o seguiam de perto. Tentando fugir da perseguição, ele levou sua mão a caixa de flechas, mas em vez de uma flecha, ele pegou a pena de ganso. Sem tempo para trocá-la por uma flecha, não teve outra opção senão atirá-la. Assim que atirou, escutou-se um estrondo e a montanha se dividiu em duas partes com um brilho avermelhado, deixando entra elas uma grande e profunda fissura, que o separava das mulheres. Ainda atirou outra pena e a fissura encheu

---

[94] O vermelho é a cor do sangue e do sol. Simboliza a vida entre os chineses e, também entre os Yi.

se de tanta água que alcançava o céu. Agora as mulheres não podiam segui-lo. Esse rio é atualmente o Jinshajiang[95].

Apesar de não ter conseguido uma esposa, Cuoriapu decidiu voltar para casa. Estava tão deprimido que chorou três vezes: mas, pensando em todas as dificuldades que havia escapado, ele riu três vezes. Desde então, a água desse rio às vezes ri, às vezes chora, há vezes que sua água sobe até o céu e outra que fica suave e tranquila.

Para voltar para casa ele tinha que cruzar de volta o rio, então caminhou por sua margem procurando um jeito. De repente, algo duro ficou preso em sua barriga, algo que lhe picou. Ele tocou com as mãos para ver o que era, e percebeu que era o dente que tinha arrancado da cobra. Irritado, atirou-o no rio e então algo estranho aconteceu, porque assim que caiu, a água se transformou em uma grande cobra que conectava as margens, assim, ele teve somente que pisar na sua espinha para cruzar o rio.

Um dia chegou a um riacho de águas cristalinas. Estava com muita sede, então ele se agachou para beber a água. Teve a sensação de aquela água era mais doce do que o mel. Ao levantar a cabeça viu que, em um lugar não muito distante, havia uma bela mulher vestida com folhas lavando as mãos. Assim que a viu, sentiu-se enfeitiçado. Sem saber para onde ir, aproximou-se dela e lhe perguntou: "De onde você é irmã? A qual casa pertence? Olho suas mãos e parecem brotos de bambu. Olho seu rosto e parece a lua. Esse riacho está perfumado somente porque está lavando as mãos. Vim seguindo esse cheiro até me encontrar frente a ti".

A mulher lhe respondeu rindo: "Você é um herói extraordinário. Eu sei o que você quer fazer. Eu estava te esperando só para saber se posso te ajudar em algo".

Cuoriapu, feliz e esperançoso, contou-lhe os anseios do seu coração.

A mulher lhe respondeu tranquilamente: "O coração de meu irmão eu o entendo, o motivo de meu irmão o compreendo, eu ficaria encantada em casar me com ele, mas há milhares de animais que me impedem. Essa é a riqueza de meu pai, o Deus do Céu

---

[95] Como é chamado o rio Yangtze que atravessa as províncias de Yunnan e Sichuan.

Simuyanha, e não tenho outra maneira de deixá-lo. Se eu abandonar os animais, ainda seriamos separados pelo céu".

Cuoriapu percebeu que estava de frente a Deusa da Caça, que para lhe consolar disse: "Irmão, não deve ficar deprimido, ainda que não me case com você, posso lhe ajudar. Enquanto estava fora, meu veado e minha urraca foram cuidar de sua mãe; a partir de hoje, se você encontrar dificuldades tem somente que juntar algumas folhas de pino em um monte ao pé de uma árvore grande, colocar sua faca e seu arco em cima dela e dizer meu nome três vezes. Quando gritar três vezes eu lhe enviarei vacas, cabras e outros animais para ajudá-lo".

Cuoriapu agradeceu-lhe repetidamente por sua bondade, e a deusa, muito carinhosa, o acompanhou até a porta de sua casa. Ao ver que sua mãe estava bem, ele sentiu-se muito feliz. Desde então, mãe e filho não pensaram em outra coisa, senão em viver com o coração tranquilo. Mas, a conversa que havia tido com a Deusa da Caça chegou através da água até o Reino das Mulheres, sendo ouvida por uma mulher que lavava arroz no rio. Enquanto Cuoriapu e sua mãe viviam tranquilos, essa mulher preparava seu plano.

Cuoriapu e sua esposa Hainaimo.
Desde que contaram com a ajuda da Deusa da Caça, quando Cuoriapu saia para caçar já não tinha que levar sua mãe nas costas, porque o veado e a urraca cuidavam dela. Todos os dias saia para brincar com a Deusa da Caça, já não tinha que levar sua faca nem seu arco para caçar, bastava estender suas mãos para obter os animais que desejasse.

Quando chegou o inverno a Deusa da Caça levou os tigres pequenos para uma montanha Heige para protegê-los da neve, abandonando aquele lugar. Um dia, quando Cuoriapu voltava para casa, encontrou-se com uma jovem gravemente ferida no caminho, mcio gelada, ela parecia que ia morrer. Teve compaixão dela, e carregando-a nas costas a levou até sua casa para curar-lhe as feridas. Assim que pôde se levantar, a mulher lhe agradeceu comovida pela amabilidade dispensada que havia salvado a sua vida, e humildemente o pediu em casamento, dizendo: "Se você se casar comigo, eu carregarei sua mãe nas minhas costas de manhã até a noite, e no ano que vem lhe darei um filho que será tão extraordinário quanto você". Cuoriapu, ainda sem saber de onde vinha Hainaimo, como era chamada, comovido por suas palavras, casou-se com ela.

Depois do casamento, a mulher tratava sua mãe com um carinho incomparável. Realmente a carregava todos os dias nas costas desde a manhã até a noite. No outono do ano seguinte tiveram um filho gordinho de pele branca, que trouxe alegria para toda a família. Cuoriapu amava a sua esposa e seu filho como amava seus próprios olhos. Pouco a pouco seu filho foi crescendo e aprendeu a dizer suas primeiras palavras. Mugucuori disse cheia de felicidade: "Meu neto é exatamente igual ao seu pai quando ele era pequeno".

Um dia, Cuoriapu ao voltar da caça descobriu que a urraca da Deusa da Caça havia desaparecido, viu somente suas penas voando por todos os lados. Espantado ele perguntou a sua mulher, que lhe disse: "Seu amado filho não parava de chorar porque queria comer a sua carne. A matei para dar-lhe. Cuoriapu irritou-se muito, pensando que desse jeito ela estava tratando muito mal a Deusa da Caça. Contudo, a urraca tinha sido comida pelo seu filho, e não parecia conveniente que reclamasse muito.

Outro dia desapareceu o veado da deusa. Só estava a sua pele pendurada na porta. Espantado ele perguntou a sua mulher, que lhe disse: "Seu amado filho estava com vontade de comer carne de veado, então o matei para dar-lhe". Cuoriapu não aguentava aquilo, pegou sua mulher e ia bater nela quando Hainaimo ajoelhada na sua frente disse: "Agora que eu estou cuidando da sua mãe e da casa, não precisamos da ajuda de nenhum animal selvagem. Você pode conseguir de qualquer jeito tudo que quiser da Deusa da Caça. Ainda que eu tenha matado um veado, não é para tanto". Cuoriapu pensou que ela estava certa, então soltou-a. Desde então, entre os animais doméstico estão faltando o veado e a urraca. Mais tarde quando o Deus do Céu Simuyanha soube disso, pensando que os homens eram ambiciosos demais, mudou as regras fazendo com que, a partir daquele momento, só fosse possível conseguir uma caça usando a faca ou o arco.

Um dia ele notou que o peito de sua esposa era muito grande. Quando amamentava a criança, ela podia colocá-los atrás do ombro, logo, aquilo se parecia com o que havia visto no Reino das Mulheres.

Observando fixamente, ele percebeu que o corpo também era muito grande, e a força de suas mãos surpreendente. Ao andar parecia o vento. Começou a encher-se de dúvidas. Pensando em testar sua esposa, ele procurou uma ocasião adequada para propô-la: "Vem, vamos fazer uma competição de luta".

Hainaimo, que era muito esperta, percebeu suas intenções e as três vezes que competiram ela se deixou vencer. Cuoriapu ainda pensava que a força de sua mulher era muito grande, e disse: "As mulheres deviam ter a força de só um braço dos homens". Desde então, a força das mulheres diminuiu.

Como Hainaimo havia perdido três vezes, Cuoripau não achou que ela vinha do Reino das Mulheres, mas teve outro plano, e lhe propôs: "Vamos fazer uma corrida". A Hainaimo esperta, percebeu as intenções do marido e quando começou a corrida, ela correu sem jeito, dando passos que iam de um lado para outro. Assim, ao acabar a corrida, ela estava muito atrás de seu marido, que olhando para ela pensou: "Se todas as mulheres correrem desse jeito estará bem". Desde então, quando as mulheres correm, fazem desse jeito. Observando os movimentos de sua mulher, Cuoriapu ainda pensou: "Se seu corpo não fosse tão alto, eu não teria razões para duvidar". Desde então, mudou a estatura das mulheres, tornando-as mais baixas.

Naquela noite, em casa, Hainaimo começou a chorar. Cuoriapu perguntou-lhe por que chorava, e ela disse: "Sinto falta da minha pobre mãe, já faz três anos que me separei dela e não sei como está. Vamos pegar o menino e iremos vê-la". Cuoriapu concordou, então Hainaimo lhe disse: "Amanhã, quando o dia amanhecer, você sai para caçar e eu ficarei em casa arrumando tudo. Quando o sol se for eu lhe encontrarei na metade do caminho. Assim poderemos levar algo de caça para oferecer a minha mãe".

Quando Cuoriapu acordou para ir caçar, viu que sua mulher já estava atarefada na cozinha. Pensou em despedir-se de sua mãe, que normalmente já havia se levantado àquela hora, mas como não a viu, perguntou à Hainaimo, que lhe disse: "Ela dorme docemente, não a incomode. Vá logo para a montanha".

"Está bem, eu subirei primeiro na montanha para caçar e você se encarregará dos presentes e me encontrará no meio do caminho", lhe disse Cuoriapu. Hainaimo sempre carinhosa de repente mudou seu semblante, e agitando a panela que estava lavando, gritou-lhe com raiva: "Você é um vagabundo ou é porque não quer ir à minha casa! Pare de encontrar desculpas. Se você não começar a se mover, eu vou acabar te matando. Vai subir a montanha ou não?"

Cuoriapu subiu a montanha. Caçou um javali e um veado dourado, e depois foi para o caminho esperar sua esposa. Esperou durante meio dia, até que finalmente a viu chegar andando apressada, carregando nas suas costas o menino e na sua mão um pacote. Vendo que sua boca estava suja de óleo, ele lhe perguntou espantado: "O que você comeu? Está com a boca cheia de gordura".

"Um pouco de carne e um pedaço de fígado". Lhe respondeu.

"De onde você pegou a carne e o fígado?" Ele insistiu.

"A carne estava pendurada na viga da casa, o fígado estava guardado no armário. Eu tinha guardado para dar à minha mãe". Ela explicou.

Cuoriapu acreditou só na metade do que dizia, mas com medo de que ela se irritasse, achou que seria melhor não continuar perguntando. Hainaimo chutou o pedaço de javali murmurando: "Porco sujo", e pisou depois na pata do veado dourado repelindo-a: "Veado podre", dando a entender que não queria a caça. Cuoriapu pensou que era uma pena, mas, mesmo assim ele a deixou e começou a andar com sua esposa. Na metade do caminho ele se ofereceu para carregar o menino nas suas costas, mas ao invés dele, a mulher lhe entregou a bolsa que estava na sua mão. Era uma bolsa muito pesada, e ele a abriu escondido para olhar. Dentro ele descobriu um pedaço grande de carne cozida, da cor da pele de sua mãe. Achando estranho ele perguntou: "Essa carne é de que?"

"Carne humana", disse Hainaimo com voz estranha.

Cuoriapu encheu-se de raiva, já não gostava de Hainaimo. Depois de caminhar durante três dias, ele percebeu que o menino nem chorava ou se movia, só ficava quieto o tempo todo. Com o coração cheio de dúvidas ele disse: "Pega o menino para dar-lhe de mamar".

"Meu peito já está nas costas". Ela respondeu.

Não passou muito tempo quando ele perguntou de novo: "Por que o menino dorme como se estivesse morto? Normalmente ele já teria despertado umas dez vezes".

"Quando o menino está nas costas de sua mãe, se dormir três anos também é normal".

"Põe sua cabeça um pouco pra fora do pano para que ele não se asfixie".

"Desde quando estar bem coberto pode matar uma pessoa?"

Cuoriapu não podia vencer com palavras Hainaimo, mas a medida que iam avançando a situação lhe parecia mais estranha. Naquele momento chegou voando um canário de cores brilhantes, e sobrevoando ele cantou: "Ajiaajiasilinuomo lamoquda..." Depois de cantar, o pássaro pousou sobre seu ombro. Hainaimo o abateu com uma mão. Cuoriapu, sentindo pena, pegou-o e colocou dentro de sua bolsa.

Não havia passado muito tempo quando apareceu na beira do caminho um javali que lhe disse: "Honghonghehe batalawu zenize..." Ele ainda não tinha entendido o que ele dizia quando Hainaimo pegando a espada de seu marido o matou com um golpe. Cuoriapu, com muita pena do velho javali, pegou seu incisivo de cinco pontas e o guardou em sua bolsa.

Caminharam ainda um pouco e encontraram um grupo de macacos que estavam bloqueando seu caminho, que dirigindo-se a eles disseram: "Walayinli jiajiamomo aluzhequ..." Ele ainda não tinha entendido o que os macacos diziam quando Hainaimo, pegando seu arco atirou no chefe dos pequenos macacos. Cuoriapu com pena, pegou sua pele e a guardou na sua bolsa de pele de cabra. Não haviam andado muito quando encontraram vários esquilos em cima de uma árvore à beira do caminho, que tanto riam quanto choravam.

Cuoriapu pensou que não estava com sorte. Sem saber o que fazer, lembrou-se da Deusa da Caça. Sem outra opção, chamou-a em voz baixa: "Deusa da Caça, Deusa da Caça, receio estar com problemas".

Ele tinha acabado de falar quando apareceram na montanha milhares de animais selvagens que, se aproximaram deles balançando o rabo. Cuoriapu sentiu-se mais tranquilo. Ao chegar em uma bifurcação no caminho se encontraram com duas mulheres muito grandes. Ao vê-los chegar, uma se distanciou, enquanto a outra dava as boas-vindas à Hainaimo.

"Essa é minha irmã querida", disse a seu marido. E em um instante, quarenta ou cinquenta mulheres da mesma idade chegaram correndo como um enxame atrás da que acabara de ir, rodeando-o. Sem esperar que ele entendesse o que estava acontecendo, as mulheres pegaram sua espada e seu arco, e o deitaram no chão, amarrando suas mãos com uma corda grossa, impossibilitando todo e qualquer movimento. Naquele momento, Hainaimo e as mulheres começaram a cantar e a dançar, depois se colocaram loucas de raiva pelos acontecimentos do passado, quando Cuoriapu havia atravessado três montanhas vermelhas e três rios negros, para chegar ao Reino das Mulheres vermelho.

Na verdade, Hainaimo era aquela mulher que havia escutado as escondidas sua conversa com a Deusa da Caça.

Cuoriapu derrota o Reino das Mulheres.

Fortemente amarrado, ele foi levado diante da rainha que, ao ver sua constituição formidável e seu espírito vigoroso, sentiu-se muito feliz recompensando Hainaimo generosamente. Depois ordenou que o desnudassem e o levassem a um quarto construído de bronze hermeticamente fechado, onde as mulheres o compartilhariam em turnos. Cuoriapu, sem vontade de aproveitar com as mulheres, pensava na sua vingança. Para se opor as suas inimigas do Reino das Mulheres, a primeira coisa que usou foi a presa de javali.

Na manhã seguinte, quando a rainha tinha acabado de despertar, as três mulheres que na noite anterior haviam compartilhado o quarto com Cuoriapu, entraram arrastando-se, gemendo aterrorizadas: "Mãe, mãe. Que coisa mais estranha, que coisa mais estranha!" Ontem à noite, quando entramos no quarto, nós apenas nos deitamos para dormir e não percebemos nada, mas essa manhã, de repente nosso peito se transformou e tem agora o tamanho de uma cuia.

A rainha acho isso muito estranho, e foi ver o que estava passando, naturalmente o que as mulheres estavam dizendo aconteceu. A rainha viu que seu próprio peito, que antes era maior que um balde, de repente se transformou até ficar do tamanho de uma cuia. Assustada ela abriu os olhos e sem saber o que dizer, chorava desconsolada. Assim que começou a chorar, o resto das mulheres do reino viram como seus peitos grandes se transformavam em peitos pequenos e, além disso, agora não ficavam em pé. Então, a rainha começou a refletir sobre sua idade, e em todo o reino as mulheres foram transformadas da mesma forma, de modo que já eram como no mundo exterior, onde havia velhos e jovens, umas mais altas e outras mais baixas.

As mulheres, enfurecidas queriam matar e comer Cuoriapu. A rainha, concordando, ordenou que fossem atrás dele: "Vamos matá-lo e vamos te comer. Você tem algo a dizer?"

Cuoriapu respondeu: "Com um movimento do meu dedo posso diminuir os grandes peitos de vocês e evidenciar a sua idade. Vocês ainda pensam que podem me matar?"

A rainha começou a perder sua confiança, então, se reuniu com as grandes funcionárias para deliberar, depois lhe disse: "Vamos fazer uma prova com você, se vencer não só não te mataremos, como deixaremos que seja o rei, mas se perder, te mataremos".

Cuoriapu disse: "Façamos então essa prova".

A primeira prova consistia em arar um campo[96]. Na entrada do Reino das Mulheres havia uma parte de campo para arar, o qual eram necessários 150 bois. A rainha não lhe deu nenhum boi, nem um arado, e só deu-lhe o prazo de um dia para arar tudo por completo.

Cuoriapu subiu correndo a montanha, cortou dez arados, amarrou-os em cem javalis, e não tinha transcorrido metade do dia quando o campo estava completamente arado. Após finalizar, ele perguntou à rainha: "A mulher é mais forte ou o homem é mais forte?" A rainha assustada abriu a boca e disse: "O homem é mais forte, o homem é mais forte".

A segunda prova consistia em semear o campo que tinha acabado de arar. Cuoriapu chamou milhares de esquilos, e em um piscar de olhos todo o campo estava semeado.

A terceira prova consistia em colher em um dia todo o grão desse campo. Cuoriapu convocou muitos mais macacos do que esquilos

---

[96] Esses testes em que o protagonista deve provar sua capacidade de realizar trabalhos agrícolas, se encontram em vários mitos dos Yi e povos relacionados com eles. Eles são sempre superados pelo personagem masculino quando o personagem feminino lhe mostra como convocar a ajuda dos animais. Nesse caso é a ajuda da mãe, e da Deusa da Caça.

que lhe acudiram, e em apenas meio dia todo o grão do campo estava totalmente colhido.

Então, ele novamente perguntou à rainha: "O homem é mais forte ou é a mulher mais forte?" A rainha respondeu com um sorriso frio: "Ainda não podemos dizer isso com certeza, uma vez que as provas ainda não acabaram. Além disso, os animais selvagens estão te ajudando, então não pode dizer que é mérito seu".

"Bem, vamos seguir com as provas", disse Cuoriapu.

"Queremos que dentro de um mês, você teça com as plantas da montanha roupa suficiente para que todas as pessoas do reino possam vestir-se, e costure também dez prendas de lã", disse a rainha.[97]

Naquela vez ele não podia pedir ajuda a nenhum animal. Foi cortar a grama da montanha, e procurar a lã, fazendo um monte com a grama e outro com a lã, depois tirou o canário do bolso, pouco a pouco foi tecendo a grama, e depois fez o mesmo com a lã até fazer os panos. Não havia passado metade do mês quando ele havia tecido pano suficiente para vestir todas as pessoas do reino, cada pessoa ainda tinha 10 capas de lã para se aquecer. Além disso, usando também as penas tingidas de vermelho do canário, ele teceu cinco aventais brilhantes, fazendo com que as mulheres do Reino das Mulheres cobrissem seus peitos com eles. Como os aventais eram muito bonitos, todo mundo brigou porque queria um para cobrir seu peito.

A rainha, ao ver que ele superou provas tão difíceis, não foi capaz de pensar em outra coisa, porque estava muito preocupada. Ao chegar no terceiro mês ela disse as mulheres que iria subir a montanha "Daye", e quando voltasse ainda lhe faria uma prova. Na verdade, todo ano ao chegar no terceiro mês, todas as mulheres do Reino das Mulheres subiam ao pico da montanha florida, onde passavam vários dias recebendo o vento, de modo que, ao voltar estavam grávidas e podiam ter filhos. Isso chamavam de "Daye". Dizia-se que o vento que soprava sobre a montanha florida, quando chegava o terceiro mês, poderia levar a energia masculina dos

---

[97] Parece que o homem só vence as mulheres quando é capaz de realizar suas tarefas.

homens que viviam em qualquer lugar sob o céu, de modo que ainda hoje o espírito dos homens está decaído naquele mês.

Não passou muito tempo quando as mulheres que haviam ido ao "daye" voltaram, a rainha já tinha uma última prova, então disse a Cuoriapu: "Se você puder fazer o mesmo que nós, ou seja, ter um filho, então me dou por vencida".

Cuoriapu riu: "Justamente nesses últimos dias tenho a sensação de que algo está se movendo na minha barriga, agora terei um para que vejam". Assim que parou de falar, tirou da sua barriga a pele do macaco que Hainaimo havia matado no caminho. As mulheres, ao ver essa bola com forma humana pingando sangue, ficaram assustadas, e se ajoelharam. A rainha também não continuou e desculpando-se se colocou de joelhos diante de Cuoriapu:

Ele disse: "Já faz um tempo que você voltou da montanha florida, está na hora de dar à luz aos filhos que você tem".

"Que o Deus do Céu salve a vida de vocês, porque na verdade não podem dar à luz a filhos. Esse ano o vento da montanha florida não trouxe vida, nenhuma de nós ficou grávida". As pessoas se lamentando pediam ajuda. Na verdade, ao colocar o avental que Cuoriapu lhes havia dado, as mulheres do Reino das Mulheres perderam a capacidade de engravidar através do vento.

Cuoriapu subiu ao trono, e disse às mulheres do Reino: "Todas vocês se tornarão minhas esposas".

"De acordo", assentiram precipitadas. Assim, todas elas tornaram-se suas esposas.

Passado um tempo, Cuoriapu percebeu que muitas de suas esposas passavam todo o tempo chorando muito tristes. Ele espantado perguntou: "Temos o que comer e temos onde dormir. Por que vocês estão chorando?"

As mulheres lhe responderam: "Grande rei, nós somos suas esposas, mas não vimos seu rosto faz um ano. Como agora nossa força é escassa e somos fracas, a tristeza faz com que tudo seja pouco para comer, que tudo seja pouco para usar, sem filhos ou filhas, quanto mais pensamos mais tristes ficamos".

Cuoriapu disse: "Então, saiam todas e se casem". Desde então, todas as mulheres saem para se casar.

Quando a Deusa da Caça voltou, Cuoriapu abandonou o Reino das Mulheres para ir com ela cuidar juntos do gado dos deuses. Ele e a Deusa da Caça tornaram-se marido e mulher, um governava os animais que tinham chifres e o outro os que não tinham. Assim, até hoje, quando vamos caçar ainda lhe oferecemos o coração da caça.[98]

---

[98] Falando do fim do Reino das Amazonas, Bachofen, em seu livro *Matriarcado,* descreve uma situação parecida: "A hostilidade é cancelada por um acordo amistoso: as Amazonas baixam as armas e se entregam ao vencedor. A mulher deve se dedicar ao amor e ignorar a guerra. Às pacíficas Artemis eram cultuadas, como também os homens e, também será verdade que os seguidores do culto dos Artemis Efésios serão em sua maioria homens. Do mesmo modo, o mito ateniense destaca a pacífica união que põe fim na guerra".

Como os homens ficaram inteligentes. Um conto Lisu

Há muito tempo atrás, na época dos nossos ancestrais, as mulheres usavam seu avental na frente, enquanto, que os homens usavam atrás. É por isso que as mulheres eram inteligentes e os homens eram brutos.

Um dia, passou um sábio que aconselhou os homens a colocar seu avental para frente, como as mulheres.

Desde então, os homens ficaram inteligentes.

O fim da era dourada das mulheres. Lendas chinesas[99]

Há muito, muito tempo atrás, como as mulheres eram mais inteligentes e destras, realizavam facilmente as tarefas produtivas, disfrutando de vidas cheias de felicidade. Bastava que plantassem um ano para ter comida para três anos. Os homens obedeciam muito felizes as instruções das mulheres. Quando chegava a época de descanso dos trabalhos agrícolas, as mulheres subiam por uma escada para brincar no céu. Subir lá livremente era muito bom, mas como as mulheres passavam muito tempo cantando e rindo, a Rainha Mãe que vivia no palácio do céu, começou a ficar um pouco cansada. Um dia lhes perguntou:

"Vocês sobem frequentemente para brincar no céu, parece que não têm nada para fazer em casa".

As mulheres lhe responderam: "Já terminamos os assuntos da terra, viemos ao céu para descansar um pouco".

A Rainha Mãe deixou que elas continuassem brincando alegremente. Mas, na hora de despedir-se, deu de presente a cada mulher um lindo avental. Além disso, quando deixaram o céu, ela cortou a escada que o ligava com a terra para que as mulheres não pudessem mais subir. Ao mesmo tempo, espalhou pelos campos a semente de uma erva, dizendo: "Quando cortarem a cabeça, que surja novamente. Faça com que morram de cansaço as mulheres".

Desde então, a chamada erva de Leigong espalhou-se pela terra, obrigando as mulheres a trabalharem sem parar, com seus rostos voltados para o chão e suas costas para o céu, não tendo oportunidade ou tempo para pensar em brincar. As mulheres começaram a usar o avental que a Rainha Mãe lhes havia dado. Quanto mais o usavam mais burras ficavam, de modo que, em pouco tempo, transformaram-se em pessoas muito estúpidas[100]. Nos tempos

---

[99] Esse mito circula entre os chineses que vivem na província de Hubei, na área de Xiaogan, habitada originalmente por outros grupos étnicos.

[100] Entre os Buyi circula uma lenda semelhante que conta que as mulheres ao colocarem um cinto colorido, perderam a superioridade que tinham sobre os homens, especialmente em inteligência, que lhes permitia governar a sociedade. No

antigos quando as mulheres eram inteligentes e capazes, como elas podiam indicar como as coisas deviam ser feitas, elas governavam a casa. Mas, desde que começaram a usar aquele avental, os papéis se

---

caso dos Buyi, as mulheres não ficam subjugadas como estão entre os chineses, mas são mantidas em pé de igualdade. Aquela inteligência que tinha originalmente era devida, segundo a lenda "A origem do cinto colorido", ao fato dos Buyi terem vivido anteriormente na província de Jiangxi, onde diz-se que há uma caverna na qual viviam as sete filhas da rainha mãe celestial (Wangmuniangniang).

Os Miao também têm uma lenda parecida que se chama "Por que os cintos estão bordados?", que conta como quando as mulheres começam a se cobrir com uma espécie de cinto que também cobre o peito, como entre os Buyi, cobre o coração, que sendo o lugar onde mora o pensamento, as faz estúpidas. Parece que muitos povos relacionam os peitos da mulher com o coração e, portanto, com a inteligência. Um dos mitos dos Dulong atribui a maior inteligência das mulheres ao fato de terem um pouco mais de carne nessa região. As mulheres Miao bordam uma flor vermelha na altura do coração nesse cinto, que simbolicamente lhes cobre o coração e lhes permite manter sua inteligência.

Os Bulang também têm um mito semelhante. No seu caso, como no dos Miao, o cinto é um presente de um homem que odeia as mulheres inteligentes e que foi derrotado por elas em uma prova de engenhosidade.

Entre as mulheres Yi é um toque na cabeça que faz o mesmo efeito que os aventais ou cintos. Entre elas é o próprio herói Zhigealong que, irritado pela inteligência superior das mulheres, lhes obriga a vestir quatro prendas, entre elas o mencionado enfeite de cabeça, que faz sua inteligência desaparecer. Já dizem os mitos dos Yi que o herói Zhigealong é quem as faz conhecer o pai. Ou seja, é ele quem acaba com o matriarcado, possivelmente porque ele mesmo provém da China onde o matriarcado acabou há muito tempo. Já temos visto também que, quando Cuoriapu lhes dá um avental, as mulheres perdem a capacidade de serem fecundadas pelo vento.

Entre os Deang existe um conto também parecido que conta como uma deusa desce do céu para casar-se com um homem mortal. Porém, mesmo depois do casamento ela continua voando de um lado para outro, e por isso, seu marido, preocupado porque ela não volta um dia, consulta seus superiores que lhes aconselham a dar-lhe um cinto. De fato, quando a deusa põe o cinto, ela perde sua capacidade de voar. Nesse caso vemos que não é um estranho quem lhe entrega esse cinto, mas seu próprio marido.

Possivelmente os homens de diferentes minorias da China, por influência dos chineses, foram acabando com essa dominação feminina, porque o personagem que entrega a prenda que acaba com a inteligência das mulheres, no caso do Yi é o herói civilizador, e no caso dos Hani é um forasteiro que passa por ali, e no caso dos Miao é um professor. Como as mulheres Buyi o colocam voluntariamente, ninguém lhes incita a vesti-lo.

inverteram e os assuntos familiares começaram a ser tratados pelos homens[101].

---

[101] Em todos esses mitos, a impossibilidade de as mulheres tirarem suas roupas permanece como uma verdade imutável. Será que ela reflete a origem da roupa como um objeto cultural? Ou é a civilização que acaba com o domínio das mulheres? É estranho pensar que até aquele momento do desenvolvimento social desses povos, as mulheres ficavam desnudas ou semidesnudas, o que é mais fácil imaginar é que, ao estabelecer diferentes tipos de roupas que devem usar as mulheres de acordo com a sua idade e estado civil, acaba-se com a liberdade sexual que antes podiam gozar, porque a roupa a identifica como uma mulher casada e não suscetível, portanto, de ser amada por outro homem a não ser que se arrisque a sofrer a punições das leis locais. Ou seja, a repressão sexual acaba com a inteligência das mulheres. O que parece ser parte de um longo processo que acaba com o domínio da mulher na sociedade. A mulher se submete ao homem, sua liberdade sexual acaba, ela deve vestir-se de uma determinada forma para mostrar seu estado marital. Essa perda de liberdade reflete a sua perda de inteligência. Quanto menos livre, mais burra. Menos capacidade de decisão tem nos assuntos importantes da aldeia. E até mesmo da sua própria vida.

Três histórias dos cinturões Deang

1.

Nos tempos antigos, as mulheres Deang eram belas e inteligentes e, além disso, tinham uma habilidade especial pois, surpreendentemente, podiam voar.

Toda noite elas saiam voando da aldeia onde deixavam os homens tecendo cestas de bambu. Em uma noite, durante o tempo que seu marido levava para tecer uma cesta de bambu, uma mulher podia visitar seis ou sete aldeias.

Os homens, sentindo ciúmes da liberdade das mulheres, teceram uns anéis de trapo e lançaram no céu. Esses anéis pegaram as mulheres, que não conseguiam mais voar.

Desde então, as mulheres ficam em casa deixando que os homens visitem outras aldeias.[102]

2.

Há muito tempo atrás, uma deusa chamada Luolaien vivia em um lugar onde o céu e a terra se comunicavam. Um dia durante as reuniões de cantos antífonas ela conheceu um jovem Deang, que em seguida se apaixonaram e se casaram.

Mas essa deusa tinha a capacidade de voar, e tendo apenas começado a viver com seu marido, ela voou da aldeia dos Deang,

---

[102] As mulheres Deang geralmente usam (até 20 ou 30) anéis finos de muitas cores. As Deang Vermelhas e Negras com fibras rotativas pintadas na sua cor correspondente. Às vezes são de bambu. Ainda que pareça pesado, elas o carregam com alegria, dizem que os anéis protegem as mulheres, e de fato, quanto mais anéis carregam, mais elegantes são consideradas. É uma herança familiar e, ao mesmo tempo, o melhor presente do futuro marido.

para voltar pouco tempo depois. Assim ela se foi voando três vezes e voltou outras tantas vezes.

Seu marido, com medo de que fosse e não voltasse, perguntou a seu pai: "Minha esposa não fica muito tempo em casa, logo se vai voando. O que posso fazer para que fique mais tempo?".

Seu pai lhe disse: "Trance um cinto e lhe dê para que o vista. A partir disso, ela não poderá mais voar".

O filho seguiu as instruções de seu pai e trançou um belo cinto que deu de presente à sua esposa. Quando a deusa Luolaien o vestiu, não pôde mais voar.

Desde então, as mulheres Deang usam na cintura um cinto colorido.

3.

Depois do dilúvio que inundou a terra, desceram do céu 102 folhas de chá que se transformaram em 51 homens e 51 mulheres, casando-se entre si. Desde então, a terra se transformou com seu trabalho. Por todos os lugares surgiram belas flores, os pássaros cantavam felizes, eles também viviam felizes suas existências. Mas, não havia passado muito tempo quando, de repente, soprou um vento negro que varreu a terra, soprou com tanta força que levou as mulheres para as nuvens, separando os casais que tanto se amavam.

Os maridos, ao ficarem sozinhos na terra, pediram ao Deus do Céu que lhe ajudasse.

Seguindo as instruções do todo poderoso Potare, com um tecido novo trançaram uns cintos que lançaram no céu pegando as mulheres, puxando-as para baixo.

Tendo as mulheres voltado para terra, sentiram-se tão felizes que dançaram de manhã até a noite para celebrar aquele reencontro. Mas, enquanto estavam dançando, 50 das mulheres tiraram o cinto, de modo que, seus corpos ficaram tão leves que foram levadas novamente ao céu por uma brisa suave.

Os cinquenta maridos morreram de tristeza por terem perdido novamente suas companheiras.

Na terra só ficou a irmã mais nova Yalei, que como não dançou, não tirou o cinto, e o irmão mais novo Dalei, que consolava sua tristeza na beira da floresta. Eles se gostavam, então formaram um casal e tiveram filhos e filhas dando origem a humanidade atual. Yalei e Dalei são, portanto, os ancestrais da humanidade e o cinto se transformou no símbolo de sua união.

Desde então, as mulheres Deang usam na cintura um cinto de fibras.

Como a mulher cede o poder ao homem entre os Wa

Há muito, muito tempo atrás, a humanidade pediu a Keleino e Kelibi que se tornassem os líderes. Keleino era um homem, Kelibi uma mulher. Eles se casaram. Kelibi criou a razão e, desde então, houve ordem entre os irmãos. As filhas entendiam antes do que os filhos, uma vez que os homens obedeciam às mulheres.

Passado um tempo, as mulheres já não queriam mais ser as líderes e deixaram que os homens assumissem esse papel, mas como o homem não entendia dos assuntos, ele ainda ia pedir à mulher que lhe ensinasse.

As mulheres foram as chefes durante trinta gerações, os homens têm sido durante vinte.

Shilaete tem um pai. Uma lenda dos Nosu

Há muito, muito tempo atrás, viveu entre os Nosu um jovem chamado Shilaete. Desde pequeno ele se destacou pela brilhante inteligência que o levava a refletir animado sobre as coisas, e por um caráter obstinado que não lhe permitia deixar sem solução qualquer problema que enfrentasse. Fã de montar a cavalo e atirar com seu arco, ele havia adquirido uma certa habilidade como caçador, e toda vez que saia para caçar, voltava carregado de animais.

Naquela época remota, os Nosu[103] não tinham pais[104], as famílias eram governadas pela mãe e pelo tio. Shilaete vivia com uma mãe de coração bondoso e uma irmã bonita e trabalhadora, mas não tinha irmãos. Todo dia ele ia à montanha para caçar enquanto, que sua mãe e sua irmã ficavam em casa cultivando e tecendo. Sua vida transcorria em paz e felicidade.

Um dia quando a família estava comendo sentada ao redor do fogo, Ete levantou uma questão que há tempos lhe intrigava: "Os pássaros têm mãe, as feras têm pai, como não temos um pai na nossa casa?". Sua mãe, surpresa, pensou durante muito tempo, depois lhe respondeu: "As nuvens do céu são o pai, o vento da primavera[105] na terra é o pai". Seu tio não soube o que responder.

Por mais que pensasse, Shilaete não encontrava uma resposta razoável. Decidido a resolver esse mistério, saiu determinado a encontrar um pai. Encontraria um pai ainda que tivesse que ir até os confins do mundo.

---

[103] Os Yi de Liangshan, é a forma como eles mesmos se denominam.

[104] Os Nosu vivem próximos aos Moso ou Na, que até hoje conservam famílias matrilineares, nas quais não existem pais nem maridos. Entre eles, as mulheres têm maridos temporários que não ficam para viver nas suas casas. Ainda que esse tipo de "casamento de visita" tenha ficado famoso entre os Moso, entre os Tu e os Yugur, que vivem mais ao norte, nas províncias de Qinghai e Gansu respectivamente, também há vestígios desse casamento.

[105] Já o vimos fecundar as mulheres do Reino das Mulheres em Cuoriapu conquista o Reino das Mulheres e em outros mitos mais.

Ele partiu no terceiro dia do terceiro mês[106]. Levava uma comitiva de nove[107] pessoas, nove coelhos brancos carregados de ouro e nove raposas[108] carregadas de prata. Seguindo a direção da água, ele percorreu vários caminhos até chegar a uma planície. Uma revoada de cotovias voava no céu cantando uma agradável canção da manhã.[109] Fascinado por sua canção, Ete ficou encantado olhando-as voar para cima e para baixo. Inconscientemente lhe chegaram umas ideias e ele começou a cantar para si mesmo:

Alegres cotovias,
de bela disposição,
e agradáveis canções
Por um acaso podem me dizer,
onde está meu amado pai?

Desde outrora as cotovias voam e cantam indiferentes aos pensamentos das pessoas. Ete ficou parado muito tempo, depois suspirou tristemente e continuou seu caminho. Durante muito tempo ele caminhou sem parar. Quando sentia fome comia um bolo simples de farinha[110]; quando estava cansado, simplesmente, se deitava no meio da floresta.

Então, ele chegou ao pé da montanha Asunizhi. Uma montanha rochosa cheia de precipícios, coberta por uma espessa floresta onde

---

[106] Outra vez uma das datas ritualísticas mais importantes para as minorias do sul da China. Seu significado original talvez tenha se perdido, mas ainda se realizam várias festas populares. A relação dessa data com a reprodução humana e a fertilidade talvez se deva ao que era o início da primavera quando os jovens de ambos os sexos se reuniam na margem dos rios, em orgias que duravam vários dias. Para os Bai, os Zhuang, os Li e muitos povos de língua Zhuang-Dong, é a festa mais importante do ano.

[107] Número masculino por excelência, enquanto, que sete é o número feminino.

[108] O coelho, dada sua extraordinária capacidade de reprodução, simboliza a fertilidade. Enquanto a raposa, no Japão e em outras culturas do norte da China, é um importante símbolo fálico, como parece ser aqui. A data, o número nove e os animais, tudo parece mostrar uma constelação de elementos masculinos.

[109] A canção que se canta quando se acorda alegre.

[110] Possivelmente se refere a farinha de trigo, com que os Nosu fazem os bolos chamados "baba" em chinês. Com as batatas que são a base da sua alimentação.

os mosquitos eram tão grandes como pombos, e as serpentes tinham o tamanho de colunas. Tigres, panteras, chacais e lobos se reuniam em manadas. Ete apenas disparou em uma fera com seu arco de ouro e suas flechas de prata, e outra já estava em cima dele. Atirou em uma serpente após a outra sem saber quantas vezes escapou da morte. Durante nove dias e nove noites andou pela floresta sem conseguir atravessá-la, até que um dia a montanha encontrou com a margem do rio Yanhtze[111].

A água do rio corria rápida com ondas que iam e vinham criando redemoinhos que seguiam incessantemente. Ete subiu em um barco de pele de vaca[112], lutando contra os redemoinhos e as ondas perigosas, e conseguiu cruzar o rio e chegar a Huazuponi[113].

Huazuponi era constituído por nove grandes planícies conectadas entre si, cada uma contava com nove aldeias onde viviam as pessoas. Uma aldeia seguia a outra, uma casa seguia a outra. Se os corvos voassem sobre elas ficavam negros da fumaça das casas, se as pombas voassem nessa área ficavam esgotadas. Ete nunca havia visto um lugar tão grande e tão plano. Visitou uma aldeia após a outra, perguntou de casa em casa, mas não teve notícias de seu pai, não conseguiu encontrar um pai, ficou tão deprimido que pensou que melhor seria ir embora.

As flores da pereira ficaram brancas, as do pessegueiro ficaram vermelhas, novamente chegou o terceiro dia do terceiro mês. Ete estava há um ano procurando seu pai, e não havia visto sequer a sua sombra. Havia sofrido mil penalidades, atravessado cem montanhas e mil rios, mas suas expectativas não foram satisfeitas. Chegou então em um lugar remoto A escuridão pairava sobre as montanhas. Os passarinhos voltavam para seus ninhos, as feras às suas tocas, o melhor seria se preparar para passar a noite embaixo de uma árvore grande. Estava tão cansado que, perdido em seus pensamentos, com a cabeça apoiada no tronco da árvore, não se sabe se dormindo ou acordado, sonhou que nessa floresta em que avançava com tanta

---

[111] No texto aparece como Aenaoyi, como os Nosu chamam esse trecho do Yangtze. Literalmente "águas negras".

[112] Típico ainda hoje entre eles e nas regiões tibetanas de Sichuan e do Tibet.

[113] Nota do tradutor ao chinês. Significa "O lugar onde vivem os chineses".

dificuldade ele encontrava com um velho pimo[114] de cabelo branco e lhe perguntava: "Cruzei cem montanhas e mil rios, experimentei cem penas e mil dificuldades para encontrar meu pai. Respeitado pimo, por favor me diga onde ele está".

O pimo suspirou: "Meu pobre rapaz, seguindo a montanha você chegará a uma floresta de bambu, no meio dela encontrará uma casa onde vive uma mulher que lhe poderá dizer". Ao terminar de falar, o pimo riu. Ete queria continuar perguntando, mas foi acordado pelos pássaros que começavam a cantar com as primeiras luzes do amanhecer.

Tal como lhe disse o pimo, não havia caminhado muito quando chegou a uma floresta de bambus verdes, entrou por uma trilha que percorria entre as árvores até chegar a uma casa protegida da luz do sol pela exuberante vegetação. Seus sentidos foram surpreendidos por um brilho curioso e o som requintado de uma canção. Ao entrar na casa ele ficou perplexo: as telhas eram feitas de ouro e as colunas de prata. Várias donzelas serviam uma mulher que bordava sentada no centro da sala. Era ela quem cantava. Sobre sua cabeça brilhavam pérolas e ágatas, sua roupa era bonita como as penas de um papagaio. Ete a observava deslumbrado, sem poder desviar seu olhar: "Realmente extraordinário, realmente extraordinário".

Seu barulho interrompeu a mulher, que corou o rosto cobrindo-se discretamente com a manga do vestido e perguntou: "Hóspede, você vem de terras distantes. O que há de errado com você? Para onde vai?". Ao ouvir suas palavras, Ete lembrou do pimo no seu sonho, pensando que o fim da sua agonia estava próximo, ficou de frente com ela e lhe respondeu nervoso: "Respeitada mulher, cruzei cem montanhas e mil rios para procurar meu pai. Por favor me diga onde ele está".

A mulher ao escutá-lo ficou surpreendida, depois cantou:

A abelha não conhece a noite, quando vê um risco na montanha se abriga.

A pomba não conhece a noite, quando vê uma floresta, lá se abriga.

---

[114] Sacerdote tradicional dos Yi.

A cotovia não conhece a noite, quando vê uma planície se abriga.

Viajante que chega de terras distantes, em seus desejos deves se abrigar.

Essa mulher se chamava Zinishise. Era uma hada, filha de Ziadidu. Ete não entendia o sentido das suas palavras estranhas. Pensou em perguntar-lhe, mas seduzido por sua aparência misteriosa, descarregou sua bagagem e ficou lá. À noite, para aquecer seu hóspede, Zinishise acendeu nove fogueiras, colocando nove altares com incenso e vinho. Depois, acompanhados pela doce música de Lusheng[115], cantaram juntos as mais comoventes canções. Ete cantou:

Entre cem flores a azaleia[116] é a mais bonita.
Entra as mulheres Shise é a mais bonita.
Quando canta é como uma cotovia.
Suas canções enchem milhares de baldes.
Sua inteligência e sua destreza são como as de um macaco dourado.
Pode tecer e bordar milhares de rolos.

Shise lhe respondeu:

Dentre os pássaros o cuco é o mais carinhoso.
Dentre os homens Ete é o mais leal.
As canções da mulher enchem milhares de baldes,
somente porque seu coração se congela no meio do palácio.
Se pode tecer milhares de rolos,
sua seda é tão quente como a das pessoas.[117]

---

[115] Instrumento musical usado pelo Miao e outros povos do sul e sudoeste da China.

[116] A planta mais apreciada pelos Nosu, atualmente há um Festival Anual da Azaleia no oito de maio lunar.

[117] As canções amorosas das minorias da China, com as quais, invariavelmente, se iniciavam as relações entre os jovens nas sociedades tradicionais, normalmente começam com uma série de elogios ao casal, comparando suas qualidades com animais ou plantas.

Ete continuou:

Por que as nuvens brancas rodeiam a montanha?
Por que as abelhas rodopiam ao redor das flores?
Por que no terceiro dia de março o cuco canta sem parar?
Por que Ete anseia por seu pai e não o encontra?

Shise ao invés de respondê-lo, perguntou-lhe:

O que é que se parece linha, mas não se pode tecer?
O que é que se parece algodão, mas não se pode dobrar?
O que é que se parece sal, mas não se pode comer?
Inteligente convidado, você deve adivinhar essas questões,
e então lhe direi as palavras que deseja.

Ete pensou profundamente, depois respondeu:

O arco-íris no céu parece linha, mas não se pode tecer.
As nuvens entre as montanhas parecem algodão, mas não se pode
dobrá-las.
O gelo dos riachos parece sal, mas não se pode comer.
Adivinhei sem errar. Rápido, me diga a verdade.

Ao descobrir o engenho de Ete, no coração de Shise surgiu um
sentimento de amor, que então cantou:

Os picos das altas montanhas emaranham as nuvens brancas.
O aroma das flores atraí as abelhas.
No terceiro dia de março o vento da primavera nos aquece.
Toma uma esposa para ter filhos e torne-se pai.

Ao escutá-la, Ete finalmente entendeu, libertando-se do desejo de
encontrar o pai. A hada Ziadidu, comovida, casou sua filha com ele.
Ete deu de presente a família da noiva as nove cargas de ouro,
usando as nove de prata como patrimônio da sua nova família.
Os esposos se amaram vivendo em harmonia. Com o tempo
Shise teve três filhos. Desde então, os filhos cuidam do pai e as filhas

da mãe. Geração após geração, os homens se casam com as mulheres aumentando a humanidade. Isso é o resultado da busca de Shilaete por seu pai, como sabem hoje velhos e jovens. Por isso, toda vez que um jovem Nosu quer se casar com uma menina, é contada essa lenda.

Bibliografia

- Bachofen, J.J. *El matriarcado*. Madrid. Akal 1987
- Barthes, Roland. *Mitologías*. Siglo veintiuno Argentina. Buenos Aires. 1980.
- Birrell, Anne.- *Mitos Chinos*. Akal. Madrid. 2006.
- Cao Chengzhang.- *Investigaciones sobre la sociedad Dai*. Editorial del Pueblo de Yunnan. Kunming.
- Departamento de cultura de la prefectura autonoma Yi de Chuxiong.- *Yi zu minjian gushi* (Cuentos populares de los Yi). Editorial del Pueblo de Yunnan. Kunming. 1988
- Dai Peili.- *Tuyue yu minzu de yunashi xinyang yanjiu* (Investigación sobre la religión original de los pueblos de lenguas turcas). Editorial de la Universidad Central de las Minorías. Beijing. 2002
- Dai Sijie *Balzac y la joven costurera china*.
- Dessaint, Alain.- *Au sud des nuages*. Nrf. 1994
- Dobbs, William Clifton.- *The Tai Race, Elder Brother of the Chinese*, White Lotus, Bangkok, 1994
- Dong Haisong.- *Xinan shi chongbai (El culto a la piedra en el suroeste)*. Editorial de la Educación de Yunnan. Kunming. 1995
Doré, Henri. S.J..- *Manuel des superstitions chinoises*. 1926
- Du Shanshan.- *Chopstick only work in pairs*. Columbia University Press. New York. 2002
- Eisler, Riane.- *El cáliz y la espada*. Editora Tektime Santiago de Chile. 1996
- Engels, Frederick.- *El origen de la familia, la propiedad privada y el estado*.
- Gao Xingliang y otros.- *Ji hun qu (Canto de rendir culto a las almas)*. Editorial de las Minorías de Guizhou. Guiyang. 1995
- Gimbutas, Marija.- *Diosas y dioses de la vieja Europa 7000-3500 a.C.* Istmo. Madrid. 1991
- Gimbutas, Marija.- *El lenguaje de la Diosa*. Dove. Oviedo. 1996
- Houtart, Françoise y Bok, Willy.- *Religiones: Sus conceptos fundamentales*. Siglo XXI

- Huang Guiqiu.- *Zhuang zu mo wenhua yanjiu* (Investigaciones sobre la cultura Mo de los Zhuang) Editorial de las Nacionalidades. Beijing. 2006.

- Leming, David y Page, Jake.- *Goddess. Myths of the female divine.* Oxford University Press. New York. 1994

- Lemoine, Jacques.- *What is the actual number of the (H)mong in the World.* Hmong Studies Journal, 2005.

- Li Jinfang. - *Dong Tai yuyan yu wenhua* (Idioma e cultura Dong Tai). Editorial de las Nacionalidades. Beijing. 2002

- Ma Changyi.- *Zhongguo shenhua gushi* (Cuentos de la mitología china). Editorial de la Radio y Televisión china. Beijing. 1996.

- Ma Kui.- *Xishuangbanna fen di zhi yu xizhou jintian bijiao yanjiu* (Investigaciones comparativas sobre el sistema de tenencia de tierras en Xishuangbanna y en la dinastía Zhou del Oeste). Editorial de las Nacionalidades de Yunnan. Kunming. 1989

- Maspero, Henri.- "*La société et la religion des Chinois anciens et celles des Tai modernes*". Paris. 1929.

- Morgan, Lewis H. Ancient Society. London. 1877

- Neumann, Erich.- *The great mother.* Bollingen series. Princenton University Press. 1974.

- Ochoa Abaurre, Juan Carlos.- *Mito y chamanismo: el mito de la tierra sin mal en los Tupí Cocama de la Amazonía peruana.* Barcelona. 2002

- San Qi.- *Shenhua xin tan* (Nuevas discusiones sobre los mitos). Editorial de las Nacionalidades de Guizhou. Guiyang. 1999.

- Stone, Merlin.- *When god was a woman.* Haverst Books. New York. 1976

- Tao Yang.- *Zhonguo shenhua gushi.* (Cuentos de la mitología China) Editorial de la Literatura y Arte de Shanghai. 1995

- Wang Changfu.- *Yi zu funu wenxue gaishuo* (Sumario de la literatura femenina entre la nacionalidad Yi). Editorial de las Nacionalidades de Sichuan. Chengdu. 2003.

- Wang Xionggang.- *Manzu yu shuman jiao.* Editorial Central de las Nacionalidades. Beijing. 2002

- Wei Deming.- *Wa zu wenhua shi* (Historia de la cultura Wa). Editorial de las Nacionalidades de Yunnan. Kunming. 2001

- Yan Feng. *Dai zu wenxue jianshi* (Breve historia de la literatura dai). Editorial de las Nacionalidades de Yunnan. Kunming. 1999.

- Zhang Fusan.- *Yuanshi ren xinmu zhong de shejie* (El mundo mental de los hombres primitivos). Editorial de las Nacionalidades de Yunnan. Kunming. 1986

- Zhang Peng.- *Xishuangbanna chuanshuo gushi ji* (Selección de leyendas y cuentos de Xishuangbanna). Kunming. 2005

- Zhang Yan (editor).- *Ten Chinese Myths of the Creation*. Editorial del Pueblo de Henan. Zhengzhou. 1998

- Zhou Mingqi.- *The Deang, women not to be bound in waist bands*. Editorial de la Educación de Yunnan. Kunming. 1995

Obras de autoria coletiva:

- *Guizhou minjian changsi* (Poemas largos en el folklore de Guizhou). Editorial de las Nacionalidades de Guizhou. Guiyang. 1997.

- *Hong he xian minzu minjian gushi* (Cuentos populares de los pueblos de Honghe).

- *Jino zu minjian wenxue ji cheng* (Selección de cuentos populares de los Jino). Editorial del Pueblo de Yunnan. Kunming.

- *Pumi zu geyao jicheng* (Colección de baladas de los Pumi). Editorial China de Folklore. Beijing. 1990

- *Sibiheizhe*. Trad. al chino de Li Zhibo y Mi Na. Editorial de las Nacionalidades de Yunnan. 1990

- *Wa zu minjian gushi jicheng* (Colección de cuentos populares de los Wa) Editorial del Pueblo de Yunnan. Kunming. 1990

- *Wa zu wenhua daguan* (Panorama de la cultura Wa). Editorial de las Nacionalidades de Yunnan. Kunming. 1999.

- *Yunnan minzu gushi xuan* (Selección de cuentos de las nacionalidades de Yunnan). 1982

- *Yunnan minzu minjian gushi xuan* (Cuentos escogidos de las nacionalidades de Yunnan). Editorial del Pueblo de Yunnan. Kunming. 1960

- *Zhonguo chuanshuo gushi da cidian* (Gran diccionario de las leyendas y cuentos de China. Editorial de los círculos literarios. 1997

- *Zhonghua minzu gushi daxi* (Serie de cuentos de los pueblos de China). Editorial de la literatura y el arte de Shanghai. 1995.